Steffi Krause

Glücksorte

in

New York

Fahr hin & werd glücklich

Dieses
Glücksbuch
ist für

Liebe Glücksuchende!

New York – die Weltmetropole

Wer es hier schafft, schafft es überall. Diese Zeile des Songs *New York, New York* ist zu einer Art Slogan der Metropole geworden. Zu Recht, denn New York ist ein faszinierender Glücksort mit Ecken und Kanten, der seinen ganz eignen Takt hat, eigensinnig und voller Gegensätze.

Auf der Suche nach Glücksorten gilt es deshalb, eine ständige Balance zu finden zwischen Ruhe und Abenteuer, Neuem und Bekanntem. Da gibt es Entspannungsorte, wie den Prospect Park, oder Orte, an denen man in eine völlig andere Kultur eintaucht. Da findet man Inspiration im Design Museum oder singt sich in einer Dive Bar die Seele aus dem Leib.

All das gehört zum Big Apple genauso wie das Staunen im lichtdurchfluteten Winterzauber der 5th Avenue oder die Gänsehaut auf dem Dach des Wolkenkratzers. New York ist Freiheitsgefühl, Lebensenergie, eine Geschmacksexplosion, ein perfekter Song, der einem einfach nicht mehr aus dem Kopf gehen will. Also bleibt nur noch, sich mithilfe dieses Buches und der eigenen Entdeckungsfreude in diese wunderbare Glücksstadt zu verlieben.

Ihre Steffi Krause

Deine Glücksorte ...

... noch mehr Glück für dich

Staunend schweben

Eine Fahrt mit der Roosevelt Island Tramway

Obwohl man Manhattan am besten zu Fuß erlebt, eingetaucht in den Großstadtdschungel, umgeben von zahlreichen Eindrücken und Menschen, gibt es einige Möglichkeiten zum Perspektivenwechsel. Sich diesem Treiben zu entheben und eine Vogelperspektive einzunehmen, fühlt sich hier zuweilen monumental an. Wirklich distanziert ist man aber auch dann nicht, denn der Lärm und Trubel der Stadt werden oft in die Höhe fortgetragen. Trotzdem kann man erst auf diese Art so richtig realisieren, wo man ist und was New York mit einem macht. Besonders beeindruckend ist die Perspektive, welche die Roosevelt Island Tramway bietet. Ganz unscheinbar entlang der Queensboro Bridge gelegen, verbindet die Seilbahn Roosevelt Island mit Manhattan. Beinahe behäbig gleiten die Seilbahnwaggons im gleichbleibenden Rhythmus über den Fluss und wiedersetzen sich dem intensiven Takt der Stadt.

TIPP

Die Fahrt ist in der MTA-Karte enthalten, sodass man die Aussicht bei Tag und Nacht erleben kann.

An einem klaren Tag lohnt sich die Fahrt besonders, denn die Tram kreuzt mehrere Avenues und gibt somit den Blick auf kilometerlange Straßenschluchten frei. Kein anderer Aussichtspunkt erlaubt einem dieses Panorama, ein „Mittendrin-Gefühl", das einem die Dimensionen und Geplantheit Manhattans eindringlich klarmacht. Völlig über allem ist man in der Bahn aber doch nicht, und so kann man beim Vorbeifahren hier und da einen Ausschnitt New Yorker Normalität in den Hochhauswohnungen erhaschen.

Erst einmal auf der Insel angekommen, gehen die Anwohner und Touristen ihre getrennten Wege. Die einen nach Hause und die anderen direkt durch das Terminal, um sofort wieder zurückzufahren. Eine kleine Verschnaufpause auf der Insel lohnt sich aber. Einfach einen Snack holen, sich an Eleanor's Pier ans Wasser setzen oder bis zum Lighthouse Park vorspazieren. Da die Insel vor allem von deren Anwohnern genutzt wird, ist das Gefühl der sofortigen Ruhe, obwohl man scheinbar noch mitten im Zentrum ist, einfach entspannend, und der Blick auf die Stadt ist fantastisch. Hier kann man vor dem nächsten Abenteuer auftanken.

● Roosevelt Island Tram, East 59th Street & 2nd Avenue, New York, NY 10022
rioc.ny.gov/302/Tram
● ÖPNV: Metro N, R, W, 6, Haltestelle Lexington Avenue/59th Street;
Metro Q, F, Haltestelle Lexington Avenue/63rd Street

Im Herzen New Yorks

2 Shoppen und Staunen im Oculus

Es gibt wohl kaum ein Bauwerk in der Stadt, das so viele Eigenheiten New Yorks in sich vereint, wie der Oculus in Downtown. Exzess, Futurismus, Kapitalismus, Resilienz, Inszenierung, all das spiegelt sich in dem Verkehrshub wider. Nachdem die Terroranschläge vom 11. September die unterirdische Path-Station zerstört hatten, wurde der Wiederaufbau bereits 2004 begonnen. Eröffnet wurde jedoch erst 12 Jahre später im Sommer 2016.

Seitdem verbindet das Oculus die Stationen von sieben U-Bahnen mit der nach New Jersey fahrenden PATH. Allerdings ist das 4 Milliarden Dollar teure Bauprojekt nicht nur ein Verkehrsknotenpunkt, sondern auch ein Einkaufszentrum. Der Exzess im Bauprozess setzt sich nun also im exzessiven Konsum der Besucher fort. Reisende müssen nicht einmal über die Erde, um sich in den Geschäften zu verausgaben. Dass man sich hier trotzdem gerne aufhält, liegt vor allem am futuristischen Design der Station, die durchgehend aus weißem Marmor ist. Noch eindringlicher verstärkt sich die Imposanz dieses utopischen Ortes, wenn man sich auf eine der gegenüberliegenden Aussichtsplattformen in der dritten Etage begibt. Von hier aus hat man einen unverstellten Blick in die Tiefe des Oculus, an dessen Boden die Menschen ein Stück weit wie Ameisen wirken, während sie von Bahn zu Bahn eilen oder von Laden zu Laden schlendern.

TIPP

Es gibt sehr viele sehenswerte Museen in Downtown, die von hier fußläufig zu erreichen sind.

Auch der umgekehrte Blick, vom Boden in die Höhe, ist absolut beeindruckend. Die Decke des Oculus ist eine in New York viel diskutierte Konstruktion, die nach außen hin als eine im Flug befindliche Friedenstaube aussehen soll, deren Flügel sich skelettartig in die Höhe ausweiten. Genau dort, wo die Wirbelsäule der Taube wäre, erstreckt sich eine lange Glasdecke, die nicht nur Tageslicht hereinlässt, sondern die Sicht auf das ebenfalls neu erbaute One World Trade Center freigibt. Es ist ein wahrer Gänsehautmoment, das zu sehen und die unfassbare Resilienz New Yorks zu spüren.

● The Oculus, 185 Greenwich Street, New York, NY 10007
westfield.com/united-states/westfieldworldtradecenter
● ÖPNV: Metro N, R, W, Haltestelle Cortland Street; Metro J, A, C, 4, 5, Haltestelle Fulton Street

Der echte New Yorker Burger

3

Shake Shack im Madison Square Park

Ein Amerikabesuch ohne Burger, das wäre wie Italien ohne Espresso und Pizza oder Kanada ohne Ahornsirup. Und obwohl es viele fantastische Burger-Restaurants gibt, kommt man im Besucheralltag doch um den Kauf bei einer Kette kaum herum. Es soll eben nicht immer das formelle Restaurantszenario sein. Eine absolute Wohltat für die nach Burger zehrenden Geschmacksnerven ist Shake Shack.

Die aus New York stammende Burgerkette gehört zu den am schnellsten wachsenden Essensketten der Welt und ist ein absolutes Phänomen. Deshalb sollte man unbedingt bei der Location essen, mit der alles angefangen hat. Als fester Kioskstand, mitten im Madison Square Park gelegen, kann man sein Essen hier, umgeben von Bäumen und Kunst, genießen. Einzig auf die Eichhörnchen muss man aufpassen, denn die haben sich inzwischen so an den Menschentrubel gewöhnt, dass sie sich auch schon mal auf den Tisch und an die Pommesschale trauen. Wen das Teilen nicht stört, der kann hier eine angenehme Pause machen, das Flatiron Building auf sich wirken lassen und einfach abschalten.

TIPP

Wer keine Lust auf Anstellen hat, kann online oder mit der App vorbestellen.

Das Essen selbst kann man als Futter für die Seele beschreiben. Nein, an Kalorien darf man hier nicht denken, auch wenn sie noch vor dem Preis auf der Anzeigetafel verzeichnet sind. Aber wer auf Burger steht, die genauso gut schmecken, wie sie aussehen, kann guten Gewissens zubeißen. Auch für Vegetarier, Gluten-Allergiker und sogar für Vierbeiner ist etwas dabei. Falls es nur ein Snack sein soll, gibt es auch Milkshakes und Eis. Die perfekte Grundlage also für ein spontanes Picknick im Park.

Beim Besuch des Burgerstands sollte man aber nicht vergessen, den Blick über die angrenzenden Häuser schweifen zu lassen. Auch der Park selbst bietet je nach Jahreszeit kleine Oasen zum Ausruhen und Menschenbeobachten. Immer lohnenswert sind die wechselnden Kunstausstellungen, welche die Besucher zum Anfassen oder Ausprobieren einladen. Genug Energie für einen Erkundungsspaziergang hat man nach Shake Shack auf jeden Fall.

● Shake Shack, East 23rd Street & Madison Avenue, New York, NY 10010,
Tel. +1 (2 12) 8 89 66 00, shakeshack.com
● ÖPNV: Metro R, W, 6, Haltestelle 23rd Street

Im French-Toast-Himmel

Brunch bei French Louie

Okay, zugegebenermaßen gibt es in vielen Restaurants der Stadt French Toast. Aber der amerikanische Brunch-Klassiker ist nicht überall auch sehr gut. Mal wird das Brot zu lange frittiert und dadurch zäh oder das Ei nicht genug gerührt, sodass das Ergebnis eher nach Omelette schmeckt, oder es wird mit langweiligen Zutaten serviert und dadurch trocken. Man sollte sich nicht mit Ahorn-Sirup zufriedengeben, wenn man das Wasser-im-Mund-zusammenlaufen-Gefühl bei French Toast haben möchte.

Deshalb ab zu French Louie nach Brooklyn. Dieses süße Restaurant mit tollem Garten und angenehmer französisch-entspannter Atmosphäre serviert eine himmlische Variante des French Toast. Während man hierauf wartet, kann man den Blick durch den Garten schweifen und die Gedanken abdriften lassen. Das leichte Geklimper der Kellner mit ihren Tabletts und die Geräusche der anderen Gäste hört man nur entfernt als White Noise, genauso wie die hinter dem Haus liegende Straße. Aus dieser Tagträumerei weckt einen dann die Bedienung, die endlich das French Toast serviert. Dieses kommt, stilvoll angerichtet, auf einer Steinplatte, zusammen mit einer saisonal wechselnden Sauce, zum Beispiel der im Bild gezeigten Orangen-Vanille-Reduktion.

TIPP

French Toast gibt es vor allem zum Brunch am Wochenende, aber auch sonst ist es hier empfehlenswert.

Das Essen sieht so schön aus, dass man es zuerst gar nicht verspeisen möchte. Dann jedoch traut man sich und nimmt einen ersten Bissen. Von außen ist das French Toast knusprig. Dafür sorgen die Cornflakes, die als eine Art Panade dienen. Darunter befindet sich das saftig-fluffige Brioche, das auf der Zunge zergeht. Egal ob man ein Tunker, ein Übergießer oder ein Bestreicher ist, erst in der Kombination mit der fruchtig-cremigen Beilage – zum Beispiel mit hausgemachtem Blaubeerkompott und Crème Brulée – wird das French Toast zum perfekten Gaumenschmaus. Kaum hat man den ersten Bissen geschafft, ist es, als hätte man den Geschmack vergessen. Man genießt den nächsten Happen, als wäre alles neu … und den nächsten und den nächsten.

....
● French Louie, 320 Atlantic Avenue, Brooklyn, NY 11201, Tel. +1 (7 18) 9 35 12 00
frenchlouienyc.com
● ÖPNV: Metro A, C, G, Haltestelle Hoyt-Schermerhorn

In der Traumfabrik

Das Filmmuseum in Queens

Einmal einen Blick hinter die Kulisse der großen Leinwand werfen, die bombastischen Kostüme des Historiendramas im Detail betrachten, das Set des Action-Epos hautnah erleben. Für echte Filmliebhaber ein absoluter Traum, der im Filmmuseum in Queens in Erfüllung geht. Das Museum beherbergt die größte Sammlung von Ausstellungsstücken rund um Film und Fernsehen in den USA und ist damit der beste Anlaufpunkt für all diejenigen, die von Filmen nicht genug bekommen können. Sicher ist, dass alle Besucher etwas finden, das ganz besondere Erinnerungen weckt. Aber nicht das Schwelgen in Erinnerungen steht im Museum im Mittelpunkt, sondern auch, neue Erinnerungen zu schaffen. Durch interaktive Ausstellungselemente können Besucher zum Beispiel eigene Mini-Animationen erstellen und kreieren so ihr perfektes Andenken. Oder sie nehmen Ton-Schnipsel für einige der ikonischsten Szenen der Filmgeschichte auf und schreiben die Dialoge völlig neu. Wer weiß, ob „Du hast da was im Auge, Kleines" den Film *Casablanca* genauso zur Legende gemacht hätte oder ob *Der weiße Hai* mit fröhlich-unbeschwingter Klimpermusik noch immer so angsteinflößend ist.

Egal ob durch solcherlei interaktive Elemente, Video- und Audioaufnahmen oder die anderen Ausstellungsstücke – von der lizenzierten Franchisepuppe bis hin zur 100 Jahre alten Kamera – langweilig wird es auf jeden Fall nicht. Stattdessen wird man von einem Wow- oder Aha-Erlebnis zum nächsten katapultiert. Wer von dieser Grundstimmung so inspiriert ist, dass er im Anschluss gerne noch einen Film sehen möchte, kann ins gegenüberliegende Kino oder zu einem der Museums-Screenings gehen. Mindestens einmal pro Woche gibt es einen interessanten Film zu sehen, den man im Mainstream-Cineplex nicht unbedingt finden würde. Vorab ins Programm zu schauen und entsprechend zu planen, kann sich also lohnen. Da man kein Essen mitbringen darf, muss man sich das Popcorn dann einfach dazu denken. Aber das kriegt man nach all den (Kopf-)Kino-Inspirationen locker hin.

TIPP

Donnerstags von 14 bis 18 Uhr ist der Eintritt kostenlos. Am besten nach dem ersten Schwung kommen.

● Museum of the Moving Image, 36–01 35th Avenue, Astoria, NY 11106
movingimage.org
● ÖPNV: Metro N, W, Haltestelle 36th Street; Metro R, Haltestelle Steinway Street

Schildkröte am Meer

Badetag in den Rockaways

Zu jedem Sommerurlaub, und vor allem wenn man in Ozeannähe ist, gehört ein relaxter Strandtag. Glücklicherweise kann man dieses Vergnügen durch die in der Regel lange Wärmephase in New York noch bis Oktober genießen, wenn die Außentemperaturen moderat sind, der Atlantik noch vergleichsweise warm ist und die Strände kaum mehr von Urlaubern besucht werden. Falls neben dem Sightseeing nur wenig Zeit für den Strand bleibt, empfiehlt sich ein Ausflug nach Brighton Beach. Ansonsten aber ist es schöner, sich in den etwas entfernteren Rockaways eine Auszeit zu gönnen. Mit der U-Bahn-Linie A sind weite Strandzüge dieser Inselzunge gut erreichbar.

Nach Norden kann man von der Station Beach 67 Street einen selten überlaufenen Strandstreifen zu Fuß erreichen. Für Spaziergänger und Radfahrer gibt es einen holzbeplankten Weg vor dem Strand, an dem sich auch Toiletten und Strandaufsichten befinden. Außerdem gibt es dort eine kleine Strandbar, die Getränke (auch alkoholische) und eine kleine Auswahl von Speisen anbietet. Vor allem aber einen Schattenplatz, der sonst eher Fehlanzeige ist. Wer helle Haut hat, sollte dringend Sonnenschutz auftragen und das Geld für einen Schirm ausgeben, denn die Sonne ist hier deutlich aggressiver als in Mitteleuropa. Zum Glück gibt's aber genügend Möglichkeiten, sich im Atlantik abzukühlen und anschließend mit einem guten Buch oder relaxter Musik das Leben zu genießen.

TIPP

Wer mobil ist oder wem das Shuttle (Williamsburg) nichts ausmacht, der sollte zum Jacob Riis Park.

Auch Richtung Süden kann man jederzeit aus dem Strand-Pendelzug aussteigen, die meiste Infrastruktur findet man aber bei der Endstation Beach 116 Street. Hier gibt es tolle Strandshops mit allerlei Andenken oder praktischen Strandutensilien, die man beim Packen womöglich vergessen hat, kleine Restaurants und Eisdielen. Zudem bieten Surfshops und lokale Surfschulen Kurse an, für die man sich manchmal noch spontan einschreiben kann. Langeweile kommt also sicher nicht auf, sodass so ein Tag am Strand schneller vorbei ist als gedacht.

· ·

● Rockaway Beach, Queens
● ÖPNV: Metro A, Haltestelle Beach 67 Street; Metro S (Beach Shuttle),
Haltestelle Beach 116 Street

Kubanisches Flair in Brooklyn

7 Schlemmen im Habana Outpost

Es ist grundsätzlich erfreulich, in New York Restaurants zu finden, in denen man entspannt draußen sitzen kann, ohne dass die Stühle gefühlt direkt auf der Straße stehen. Eine solche Enklave bietet das Habana Outpost mitten in Downtown Brooklyn. Fußläufig nur 5 Minuten vom Atlantic Terminal ist dieser Ort ein absolutes Muss. Die Bestellung gibt man drinnen an der Bar auf, wo man auch sofort seine Getränke bekommt. Sehr lecker ist der Margarita, der bei warmen Temperaturen für eine gelungene Erfrischung sorgt. Dabei sollte man den Alkoholgehalt aber nicht unterschätzen. Ansonsten gibt es aber auch eine Auswahl an Bieren und Softdrinks. Außerdem bietet der Laden typisch mexikanische Limonaden an, die zu empfehlen sind.

Das Essen holt man sich draußen im Garten mit der bei der Bestellung vergebenen Nummer ab. Bis auf die etwas zu wässrige Guacamole ist alles absolut empfehlenswert und lecker. Wer noch nie Sweet Plantains gegessen hat, sollte sie unbedingt probieren, denn sie haben die perfekte Konsistenz und den idealen Zubereitungsgrad. Dazu am besten das Chipotle Mayo bestellen und die Kombination von Süße und leichter Schärfe genießen. Für den größeren Hunger bieten die reichhaltigen und extrem frischen Burritos die perfekte Portion. Auch die Tacos sind köstlich und laden zum Probieren ein.

Genossen wird das Essen dann an den um den zentralen Brunnen verteilten Holztischen. Diese sind an sonnigen Tagen mit Schirmen geschützt, sodass man problemlos verweilen kann. Genau hierzu lädt die gelassene und unprätentiöse Atmosphäre des Restaurantgartens nämlich ein. Es kommen keine Kellner, um die Tische möglichst schnell abzuräumen, und statt engem Tisch-an-Tisch wie in manchen Lokalen hat man hier Ruhe und Raum zum Quatschen, weshalb sich ein Besuch ganz schnell mal angenehm in die Länge zieht und aus einem kurzen Dinner ein lustiger Abend wird.

....

● Habana Outpost, 757 Fulton Street, Brooklyn, NY 11217, Tel. +1 (7 18) 8 58 95 00
cafehabana.com
● ÖPNV: Metro C, Haltestelle Lafayette Street; Metro G, Haltestelle Fulton Street; Metro 2, 3, 4, 5, B, D, N, Q, R, W, Haltestelle Atlantic Avenue – Barclays Center

Weihnachten American Style

8 Dyker Heights in Brooklyn

Wer denkt, dass es sich bei den um die pompöseste Außendekoration duellierenden Nachbarn aus amerikanischen Filmen um Klischees handelt, war noch nicht im winterlichen Dyker Heights. Jedes Jahr von Thanksgiving (Ende November) bis Weihnachten schmückt sich diese sonst eher unscheinbare Nachbarschaft tief im Süden Brooklyns mit Millionen von Lichtern und wird zur Attraktion für New Yorker und Besucher gleichermaßen. Von durchkonzeptionierten Dekorationen, die eine Geschichte erzählen, bis hin zu Vorgärten, in denen man aufgrund der Anzahl von beliebigen, zum Teil lebensgroßen Figuren keinen Boden mehr sieht, ist wirklich alles dabei. Manche Hausbesitzer wechseln ihre Displays jedes Jahr, andere perfektionieren ihre Ausstellung, aber alle machen den Anschein, dass sie sich das ganze Jahr auf diese Saison vorbereiten. Fotos sind deshalb nicht nur erlaubt, sondern erwünscht und werden in manchen Fällen sogar durch spezielle Foto-Ops ermöglicht.

TIPP

Wer sich im Anschluss warmshoppen will, wird bei Marshalls an der 86. Straße fündig.

Und wenn man sein Umweltbewusstsein für ein bis zwei Stunden zurückstellen kann – ganz ohne Frage danach, wer das eigentlich alles bezahlt, geht es eigentlich nicht –, dann kann man sich hier wirklich eine gehörige Portion Weihnachtsstimmung holen. Besonders Kinder kommen oft aus dem Staunen nicht mehr raus. Aber auch für den an Schwippbogen und Schneespray gewöhnten Erwachsenen, der normalerweise bereits auf bunte Blinksterne genervt reagiert, finden sich hier lustige, schöne, verträumte oder inspirierende Lichtinstallationen.

Besonders gemütlich wird der Spaziergang durch die Nachbarschaft aber erst dann, wenn man sich zu einem der Eis-Trucks begibt, die sich an den Kreuzungen finden. Dort werden entgegen des äußerlichen Eindrucks auch warme Snacks, Kaffee und heiße Schokolade verkauft. Ob nun zum Trinken oder einfach, um die Fotohände wieder aufzuwärmen, erst mit Heißgetränk wird das Winterglückserlebnis vollständig. Für die Trucks sollte man unbedingt Bargeld mitbringen, denn der nächste Geldautomat ist nicht gerade um die Ecke.

● Dyker Heights, 1199 84th Street, Brooklyn, NY 11228 (und Umgebung)
● ÖPNV: Metro D, Haltestelle 79th Street; Metro R, Haltestelle 86th Street

Frisch gerollte Glückseligkeit

9 Eis von Blossom Ice Cream in Brooklyn Heights

Beim Thema Eis scheiden sich oft die Geister: Ist man ein Softeis-Typ, mag man lieber Milcheis aus der Waffel, oder erfrischt man sich am liebsten mit fruchtigem Wassereis? Wenn man diese Frage geklärt hat oder sich schlicht und ergreifend für jede Eissorte begeistern kann, kommt noch die Frage dazu, ob man Eis das ganze Jahr über essen sollte oder lediglich in den Sommermonaten. Man kennt sie ja noch, die Eisläden, die im Winter wahlweise zu Kleidungsgeschäften oder Stollen-Verkäufen werden. Es kann also etwas verwundern, wenn man in New York auch im Winter hin und wieder noch Softeis-Trucks herumfahren sieht, denn hier gibt es keine Saison fürs Schlemmen.

Übrigens ist es in der Regel sicher, sich am Eis-Truck ein Eis zu holen. Wer kein Fan von Softeis ist, der hat aber auch ansonsten zahlreiche Möglichkeiten, sich selbst gemachte Frucht-Pops, farbenfrohe Einhorn-Waffeln oder andere Eiskreationen schmecken zu lassen. Eine Empfehlung ist gerolltes Eis, welches man zum Beispiel bei Blossom Ice Cream in Brooklyn Heights bekommt. Der etwas unscheinbare Shop an der Atlantic Avenue bietet nicht nur leckere Poke-Bowls. Hier wird auch frisches Eis hergestellt, und frisch meint, dass sich eine vor den Augen der Kunden angerührte Flüssigkeit auf eisgekühlten Metallplatten zu Eis verwandelt, das mit Spachteln zu fünf delikaten Rollen aufgewickelt wird.

TIPP

Mehr Eis gibt's bei Soft Swerve (Softeis), Sweet Moment (insta-worthy) und La Newyorkina (Stiel-Eis).

Von klassischen Sorten wie Schokolade bis hin zu veganen Eissorten ist für viele Geschmäcker etwas dabei. Besonders lecker sind Wildbeere Lavendel für fruchtige Typen, Morning Roast für Kaffee-Liebhaber und Matcha Melody für Experimentierwillige. Das Rundum-Eis-Erlebnis endet aber nicht mit dem aufgerollten Eis, sondern geht mit den Toppings weiter. Der Laden erlaubt unbegrenzt viele, sodass man sich in der Auswahl von Früchten, Nüssen, Saucen und Süßigkeiten austoben kann. Falls es das Wetter erlaubt, sollte man mit diesem himmlischen Eisbecher zur Brooklyn Heights Promenade spazieren und es sich dort gemütlich machen.

● Blossom Ice Cream, 226 Atlantic Avenue, Brooklyn, NY 11201
blossomicecreamandthepokebowl.getsauce.com
● ÖPNV: Metro A, C, G, Haltestelle Hoyt-Schermerhorn

Urige Traditionstaverne

Pete's Tavern

Ein Besuch in einem der ältesten Traditionsrestaurants der Stadt, Pete's Tavern, lohnt sich allein aufgrund des Ambientes. Ganz in der Nähe des Gramercy Parks ist diese urige Taverne tagsüber ein beliebter Ort für eine längere Mittagspause und am Abend ein wuseliger Hotspot für frisch gezapfte Biere und simple Getränke nach der Arbeit, während im Hintergrund verschiedene Sportevents übertragen werden.

Am gemütlichsten ist es in einer der Essnischen, die man sich zwar nicht aussuchen kann – wie andernorts auch typisch, wird hier ein Sitzplatz zugewiesen –, durch die drei hintereinander liegenden Räume ist aber meistens eine frei. Die Nischen sind, wie der Rest der Sitzgelegenheiten, aus dunklem, fast schwarzem Holz, das nach vielen Jahren den herrlich bekannten Geruch eines alten Shamrocks angenommen hat. Unterstützt wird das heimelige Gefühl durch zahlreiche Fotografien (Pete und verschiedene Stars) und kitschige Kunstwerke. Rund um verschiedene Feiertage, zum Beispiel Valentinstag, Halloween oder Weihnachten, verwandeln sich zudem der Innenraum und die Schaufenster in Deko-Kunstwerke. Wem das Ganze zu viel ist, der kann an schönen Tagen auch draußen sitzen und an den relativ beruhigten Querstraßen die New Yorker Straßenromantik, ein stetiges Hin und Her von Fußgängern und Autos, auf sich wirken lassen.

TIPP

Mittags ist die gesamte Karte circa 3–4 $ günstiger pro Speise, und es gibt spezielle Angebote.

Das Essen bei Pete's ist typisch für diese Art von Restaurants, vergleichsweise simpel und gut. Es wird wenig experimentiert, aber man findet dennoch alles, was man braucht. Lediglich Veganer werden es hier schwer haben. Ansonsten gibt es von leckeren Salaten über Pasta-Gerichte bis hin zu Fleisch- und Fisch-Speisen alles, wobei die Spezialitäten oft sehr vollwertig sind. Dazu gehört zum Beispiel der Chef Salad mit Blattsalat, Schinken, Truthahn, Shrimps, Käse, frischer und eingelegter Paprika, Tomaten, Anchovies, Kapern und einem gekochten Ei. Wer danach noch Platz im Magen hat, sollte sich den frisch gebackenen Apple Crumb mit einer Kugel Vanilleeis gönnen.

● Pete's Tavern, 129 East 18th Street, New York, NY 10003
petestavern.com
● ÖPNV: Metro 4, 5, 6, L, N, Q, R, W, Haltestelle 14th Street – Union Square

Im schwebenden Park

11 Little Island Park am Pier 55

Die architektonische Landschaft New Yorks ist in stetigem Wandel, sodass man bei jedem Besuch in der Metropole neue Bauwerke und Sehenswürdigkeiten bewundern kann. Seit Kurzem gesellt sich in die Reihe frischer Hotspots ein ganz spezieller Park: Little Island. Die schwimmende Parkstruktur wurde als Restaurationsprojekt des 2013 vom Sturm Sandy in Mitleidenschaft gezogenen Piers 55 geplant und im Mai 2021 eröffnet.

Aufgebaut auf unterschiedlich große und hohe tulpenartige Stelzen, schwebt der kleine Park über dem Hudson River. Schon von der Promenade ist das seltsam futuristische Bauwerk einen Blick wert. Verspielt und hügelig fügt es sich in die sonst sehr kantige und geradlinige Landschaft der Meatpacking District Waterfront ein. Über den direkteren Zugang der südlichen Brücke betritt man den Park durch einige der Stelen hindurch. Fast wie Säulen einer Kathedrale erstrecken sich die Strukturen über einem. Von dort aus gelangt man auf die Hauptwiese und kann die Insel und ihre verschiedenen Elemente erkunden.

TIPP
Die Insel ist sehr familienfreundlich und die meisten Events sind kostenfrei.

Als Erholungsort bietet der kleine Park vor allem eine diverse Auswahl an Pflanzen, Bäumen und Sträuchern, die mit Rücksicht auf wechselnde Lichtverhältnisse gepflanzt wurden und das ganze Jahr über spannende Landschaftseindrücke bieten. Besonders schön sind diese im Übergang vom Frühling zum Sommer, wenn die Farben satt sind, und im Indian Summer, wenn sommerlich grüne Blätter langsam ihre Farbe wechseln. Aber nicht nur Naturliebhaber kommen auf ihre Kosten: Mit verschiedenen Aussichtspunkten, einem Spielplatz und einem Amphitheater für Veranstaltungen hat die Insel einiges zu bieten auf ihrer vergleichsweise kleinen Fläche (nicht mal ein Hektar). Besonders zwischen Mai und September gibt es viele Freiluft-Events und einen Kiosk, der für Verpflegung vor Ort sorgt. Perfekt also für ein Picknick, während man der Sonne hinter Jersey City beim Untergehen zusieht.

● Little Island Park, Pier 55 at Hudson River Park Greenway, New York, NY 10014, littleisland.org
● ÖPNV: Metro A, C, E, F, L, Haltestelle 14th Street/8 Avenue

Durch das Hintertürchen

12 Cocktails im Speakeasy Le Boudoir

Ein Überbleibsel der Prohibitionszeit, in der zwischen 1920 und 1933 in den USA kein Alkohol produziert, verkauft und konsumiert werden durfte, sind zahlreiche versteckte Bars, sogenannte Speakeasys in der Stadt. Die wohl extravaganteste Bar dieser Art, das Le Boudoir, befindet sich mitten in Downtown Brooklyn. Um hierherzukommen, geht man zunächst in das Restaurant Chez Moi. Falls man vor den Cocktails noch etwas essen möchte, ist das gemütliche französische Bistro der perfekte Ort dafür. Ansonsten sucht man auf der linken Seite des Raums ein Bücherregal, denn dahinter versteckt sich der ehemals geheime Eingang zur Kellerbar. Eine schmale Wendeltreppe führt vorbei an mittelalterlicher Rüstungsdekoration durch einen roten Samtvorhang in die Location, die den privaten Gemächern von Marie Antoinette nachempfunden sind.

TIPP

Am Wochenende runden Livemusik oder Burleske-Shows das Ambiente ab.

Warmes Licht durchströmt den ansonsten fensterlosen Raum und komplimentiert die in Rot-beige-Tönen gehaltenen Mustertapeten und Dekorelemente. Dazu runden Goldverzierungen und üppige rote Samtpolsterbezüge den außergewöhnlichen Look der Bar ab. Sitzen kann man entweder auf den Barstühlen direkt an der Theke oder ganz gemütlich in einer der Nischen, die Platz für ungefähr vier Leute bieten. Etwas weiter hinten im Raum gibt es auch höhlenartige Sitzecken, die Raum für größere Gruppen bereithalten, wobei man hierfür reservieren sollte.

Mit ähnlicher Hingabe und Eleganz, die das Flair verspricht, werden auch die Cocktails zubereitet und serviert. So zum Beispiel der sehr erfrischende „Tête-à-Tête", ein Cocktail mit Gin, Holundersirup, Basilikum, Pfeffer, Gurke und Limette. Aber auch eine etwas klassischere Getränkeauswahl mit verschiedenen lokalen und internationalen Bieren und Weinen lässt sich hier problemlos finden. Begleitend dazu gibt es auch in der Bar selbst noch Appetizer, wobei das tatsächliche Highlight der kleinen Speisekarte die lecker vanillige Crème brûlée ist.

● Le Boudoir, 135 Atlantic Avenue, Brooklyn, NY 11201, Tel. +1 (3 47) 2 27 83 37
boudoirbk.com
● ÖPNV: Metro 4, 5, Haltestelle Borough Hall;
Metro A, C, G, Haltestelle Hoyt-Schermerhorn

Wie auf dem Dorf

13 Schlendern auf dem Union Square Farmers Market

Um sich in New York wie in einem Dorf zu fühlen, bedarf es normalerweise eines besonderen Aufwands oder langer Fahrzeiten. Nicht so allerdings beim Union Square Farmers Market. Jeden Montag, Mittwoch, Freitag und Samstag verwandelt sich die Westseite des Parks in ein buntes Treiben von Anwohnern, Pendlern, Mitarbeitern anliegender Firmen und vereinzelten Touristen, die auf der Suche nach frischen Lebensmitteln, Konserven oder Blumen zusammenkommen.

Der Markt ist wie ein Begegnungsort, an dem sich die Händler und Kunden unaufdringlich austauschen. Wer mehr darüber erfahren möchte, was gerade in der Stadt passiert, ist hier genau richtig und kann den einen oder anderen Tratsch aufgreifen. Und wer kein Interesse an Gesprächen hat, sondern lieber für sich selbst schlendert, kann sich nicht nur an den Waren erfreuen, sondern auch an deren Präsentation. Denn hier gilt: Das Auge kauft mit. Aus Gemüse machen kreative Händler ein farblich sortiertes Stapelkunstwerk und aus Chilis einen essbaren Trockenstrauß.

TIPP

Der Markt ist ganzjährig vor Ort. Im Winter gibt es zusätzlich einen Weihnachtsmarkt am Park.

Aber auch die Auswahl an Lebensmitteln macht einen Besuch lohnenswert. Nicht nur, dass die meisten Waren aus der umliegenden Region sind, hier lassen sich auch ungewöhnliche Geschmacksvariationen entdecken oder großartige Mitbringsel für Freunde und die Familie zu Hause finden. Wenn man sich nicht sicher ist, kann man an einigen Ständen auch ganz unkompliziert nach Kostproben fragen, sofern diese nicht ohnehin schon ausliegen.

Übrigens ist der Markt einer der wenigen zentralen Orte, an denen man gutes Brot bekommt. Wer nach ein paar Tagen Sandwich-Style unbedingt ein festes Körnerbrot haben möchte, findet es hier. Außerdem sollte man auch New-York-typische Spezialitäten probieren. Dazu gehören zum Beispiel das Babka, ein jüdischer Schokoladenstrudel, oder das Challah, ein süßes Brot, das an Brioche erinnert und oftmals für French Toast benutzt wird. Diese Snacks kann man bei gutem Wetter direkt im Park essen und bei Bedarf für einen Nachtisch wiederkommen.

● Union Square Greenmarket, East 17th Street & Union Square W, New York, NY 10003, grownyc.org/greenmarket/manhattan-union-square-m
● ÖPNV: Metro 4, 5, 6, N, Q, R, W, L, Haltestelle 14th Street – Union Square

Intensives Farbenspiel

14

Indian Summer auf dem Wave Hill

Auch wenn New York vor allem für seine Skyline und städtischen Highlights bekannt ist, gibt es in der Stadt zahlreiche Naturoasen, die man sich als Ruheort nicht entgehen lassen sollte. Eine der besten Möglichkeiten, dem Stadtgewusel für einen langen Nachmittag zu entfliehen, bietet Wave Hill, ein öffentlicher Park in der West Bronx. Besonders im Herbst lohnt sich ein Ausflug in die Natur sehr, da man zu dieser Zeit eines der faszinierendsten Farbenspiele der Natur beobachten kann. Während der Wechsel der Jahreszeiten in Deutschland meist sehr schnell geht und die Blätter im Herbst innerhalb kürzester Zeit von den Bäumen fallen, dauert dieser Prozess aufgrund des milden Klimas im Nordosten der USA mehrere Wochen. Das Phänomen wird hier als „Indian Summer" oder „Fall Foliage" bezeichnet. Je nachdem, wie schnell es nachts kühler wird, wechseln die Blätter zwischen Ende September und Anfang November ihre Farbe von einem satten Grün zu tiefen Rot-orange-Tönen. Aufgrund der etwas erhöhten Lage des Parks hat man von hier aus einen perfekten Blick auf den Hudson River, an dessen Uferseiten sich das Farbenspiel besonders beeindruckend zeigt. Die beste Aussicht im Park gibt es vom Kerlin Overlook.

Hinzu kommt die Artenvielfalt des Parks selbst, die zum Staunen einlädt. Verschiedene geführte Touren informieren über die Pflanzen und deren Funktion als Lebensraum und sind in der kleinen Eintrittsgebühr des Parks inbegriffen. Außerdem gibt es in Wave Hill ein Residenzprogramm, durch das immer wechselnde aufstrebende Künstler die Möglichkeit erhalten, Ihre Werke und Produktionen auszustellen und sichtbar zu machen. Wave Hill ist deshalb auch ein Geheimtipp für Kunstliebhaber.

Obwohl es im Park auch ein Café gibt, lässt sich der Ausflug noch gemütlicher und kompletter genießen, wenn man sich ein Picknick mitbringt, im Schatten der bunten Bäume die Seele baumeln und sich von der Natur bezaubern lässt.

TIPP

Der kleine Shop in Wave Hill hat verschiedenste handgemachte Andenken von lokalen Künstlern.

● Wave Hill, 675 West 252nd Street, The Bronx, NY 10471, Tel. +1 (7 18) 5 49 32 00
wavehill.org
● ÖPNV: Metro 1, Haltestelle West 242nd Street und dann Shuttle zum Park;
Metro North Local Hudson Line, Haltestelle Riverdale

Die Hände essen mit

15

Äthiopische Leckereien im Bunna Café

Inmitten der sich stetig gentrifizierenden industriellen Nachbarschaft Bushwicks, gelegen an einer Hauptstraße, die nicht vermuten lässt, dass man sich hier am Puls der Hipster-Szene in Brooklyn befindet, liegt das äthiopische Restaurant Bunna Café. Mit seiner Ausstattung – kleine, dunkle Holztische, bequeme Sitzecken, orientalische Fliesen und verdunkelte Lampen – versprüht das Restaurant eine angenehme Gemütlichkeit. Besonders empfehlenswert ist ein Besuch deshalb an weniger frequentierten Tagen, da man dann länger sitzen bleiben kann. Lohnenswert macht das kleine Lokal neben seinem Ambiente aber vor allem das Essen, bei dem sich die Betreiber auf die geschmackliche Vielfalt veganer Zutaten verlassen. Zum Teil des Essrituals gehört es hier, sich vor dem Essen in dem in einer süßen Nische eingelassenen Waschbecken die Hände zu waschen. Saubere Hände braucht man nämlich, um die äthiopischen Leckereien zu sich zu nehmen. Besteck gibt es nur auf Nachfrage. Empfehlenswert ist es, sich zu zweit oder in der Gruppe ein Kombi-Menü zu bestellen, um möglichst viele Gerichte auszuprobieren. Die Speisen werden auf dem typischen Injera, einem luftigen Sauerteigfladen, serviert, mit dessen Hilfe man ganz unproblematisch essen kann.

TIPP

Wochentags gibt es günstige Mittagsangebote. Am Abend besser online reservieren.

Die Kombination des säuerlichen Teiggeschmacks mit den Aromen der einzelnen Gerichte ist wirklich einzigartig, und wenn man normalerweise nicht gerade jeden Tag in einem anderen Restaurant isst, wird man sicherlich interessante neue Geschmackskombinationen entdecken. Besonders stechen Gewürze hervor wie Kurkuma, Knoblauch oder Berbere, eine äthiopische Gewürzmischung.

Um das Erlebnis abzurunden, kann man sich zu dem hervorragenden Essen typische Getränke bestellen oder die äthiopisch inspirierten Versionen klassischer Cocktails genießen. Nicht entgehen lassen sollte man sich aber eines der leckeren Heißgetränke. Ob den frisch gerösteten Bunna Kaffee oder den herrlich gewürzten Shai, hier findet jeder etwas, um sich in eine andere Welt versetzen zu lassen.

● Bunna Café, 1084 Flushing Avenue, Brooklyn, NY 11237, Tel. +1 (3 47) 2 95 22 27
bunnaethiopia.net
● ÖPNV: Metro L, Haltestelle Jeffersen Street;
Bus B57, Haltestelle Flushing Avenue/Knickerbocker Avenue

Let the River Run

16 Eine Fahrt mit der Staten Island Ferry

Den Blick auf die erwachende Metropole gerichtet, das Haar im Wind wehend, während im Hintergrund das ewige Symbol der Freiheit thront. Mit dieser ikonischen Szene aus *Working Girl* (1988) hat sich die Staten-Island-Fähre in das kulturelle Gedächtnis Amerikas gebrannt. Sie ist fester Bestandteil jedes Stadtratgebers und sollte zum Pflichtprogramm in New York gehören; nicht nur weil sie kostenlos ist.

Während die meisten New Yorker das Boot benutzen, um zur Arbeit zu pendeln, ist es für Besucher der Stadt eine fantastische Möglichkeit, die Metropole aus einem neuen Blickwinkel zu sehen. Viele überqueren die Flüsse auf Brücken oder durch die Tunnel. Mit der Fähre aber nimmt man sich Zeit, entfernt sich gemächlich vom Ufer und kann mit jeder Sekunde ein neues Bild der Stadt entwickeln, die man sonst zu oft nur aus der Froschperspektive entdeckt.

TIPP

Echte New Yorker und aufmerksame Touristen sprechen Staten mit einem kurzen „a" [Stätten].

Zuerst verschwimmen die Wolkenkratzer nach und nach zu einer gleichmäßigeren Kulisse und ordnen sich in das Bild der Umgebung ein. Da ist Brooklyn mit seinen Industriehäfen und den flächigen Wohngegenden auf der einen Seite. Auf der anderen Seite wächst das aufstrebende Viertel Jersey City immer mehr nach dem Vorbild Manhattans in die Höhe. Plötzlich gesellt sich in dieses Bild der Glasbauten und Metallstrukturen Ellis Island. Die kleine Insel mit ihrem rot-grünen Ziegelbau symbolisiert eine vergangene Ära, die man in Manhattan nur noch selten antrifft. Gleich im Anschluss folgt der Höhepunkt dieser Fahrt, die Freiheitsstatue, die man von der Fähre aus eindrucksvoll von vielen Seiten betrachten kann und die sich ebenso in das vorher beschriebene Bild einpasst.

Eine Fahrt mit der Staten-Island-Fähre heißt, sich von New York zu distanzieren, es im Vorbeiziehen zu betrachten und zu bestaunen. Erst dadurch sieht man viele Elemente der Stadt in ihrem Zusammenwirken: ihre Widersprüche, Symbiosen, Geschichte, ihre Vielfalt und ihre Symbolkraft. Das alles ist New York.

● Staten Island Ferry, 4 Whitehall Street, New York, NY 10004, siferry.com
● ÖPNV: Metro 4, 5, Haltestelle Bowling Green;
Metro 1, R, W, Haltestelle South Ferry

Singend in die Nacht

17 Krisenbewältigung im Marie's Crisis Café

Diese Piano-Bar ist ein natürliches Mittel gegen schlechte Laune. Eingebettet in das vibrierende Nachtleben der Christopher Street, ist die Bar von außen mit dem simplen Neonsymbol und den einfachen dunklen Türen zuerst noch recht unscheinbar. Dass dieser Schein trügt, erkennt man, sobald man sich nähert und der harmonische Gesang der Besucher aus dem gemütlichen Souterrain immer stärker auf die Straße drängt.

Spätestens beim Eintreten ist klar: Ein ruhiger Abend zum Quatschen wird das nicht. Denn im Marie's Crisis treffen sich Profi- und Amateursänger vom Broadway und singen, begleitet von wechselnden Pianisten, klassische Show-Tunes aus vollem Hals. Da die Getränke an der Bar vergleichsweise günstig sind, sollte man beim Trinkgeld für die Klavierspieler nicht sparen. Diese verdienen hiermit oftmals nicht nur ihren Unterhalt, sondern sind mit so viel Passion bei der Sache, dass sie den ganzen Raum mitreißen.

TIPP

Auf der Website kann man sehen, ob es Themenabende gibt.

Und keine Angst, hier wird man auch als Amateur nicht schief angesehen, sondern dazu eingeladen, die Außenwelt mal die Außenwelt sein zu lassen und sich die Seele aus dem Leib zu singen. Egal ob man dafür das eine oder andere Getränk braucht – die Bar bietet eine simple, aber ausreichende Auswahl – oder ob die Melodie von Abba-Songs einen einfach zum Dusch-Superstar macht, hier ist jeder ein Sänger und eine Sängerin. Sogar die Kellnerinnen entpuppen sich als Profis und lassen eigene Interpretationen von Broadway-Klassikern verlauten.

Während man sich dann bei *Circle of Live* brüderlich in den Armen hält, bei *Bohemian Rhapsody* im Hin und Her der Stimmen überschlägt oder bei *Let's Go Fly a Kite* der ganze Raum schunkelt, da vergisst man seine Sorgen für einen Moment und hat einfach nur Spaß. Einziger Nachteil in der Bar ist der begrenzte Raum. Sitzplätze sind schnell vergeben, und auch im Stehbereich kann es schnell eng werden. Wer damit kein Problem hat, findet hier eine unermüdliche Endorphin-Quelle.

● Marie's Crisis Café, 59 Grove Street, New York, NY 10014
mariescrisiscafe.com
● ÖPNV: Metro A, B, C, D, E, F, Haltestelle West 4th Street – Washington Square

Gelassene Fusionsküche

18 Falansai in Bushwick

Wer in New York ein paar Mal essen war, weiß es zu schätzen, ein Restaurant zu kennen, in dem die Lautstärke auch bei vielen Gästen niemals Club-Niveau erreicht und man sich ganz ohne Erheben der Stimme unterhalten kann. Allein hierin liegt ein schon beinahe elementarer Mehrwert der Location. Genau dieses Argument hat Falansai bereits auf seiner Seite, bevor man überhaupt auf die Karte gesehen hat. Allerdings bietet das gelassene Fusionsrestaurant noch viele weitere triftige Gründe an, warum man hier seinen Abend verbringen sollte. Einer davon ist die innovative Küche, die sich gleichermaßen französischer und vietnamesischer Kochkunst bedient und hieraus intensive Geschmackserlebnisse zaubert. Absolut empfehlenswert ist etwa die Auswahl an Pho-Kombinationen. Die vietnamesische Nudelsuppe wird hier, anders als an vielen Orten, komplett ohne Glutamat zubereitet und verlässt sich auf die Geschmacksintensität der frischen Zutaten. Unter der Kategorie Globetrotter-Phos werden neben den klassisch vietnamesischen Varianten der Suppe auch Versionen aus anderen Regionen der Welt, zum Beispiel Mexiko, Peru oder Gunkanjima (Japan) angeboten. Letztere begeistert durch eine perfekte Balance von süß, erdig und Schärfe durch die Zugabe von Honig, Erdnüssen und Chili.

Richtig lecker sind auch die Speisen auf dem Dinner-Menü, bei denen man sich zum Glück nicht nur für eine entscheiden muss. In den Combos kann man kleinere Portionen von bis zu drei Hauptspeisen bestellen und sich so durch die verschiedensten Geschmacksrichtungen durchtesten. Da begegnen einem dann zum Beispiel Zitronengras-Tofu, Okra, Granatapfel-Dattel-Sauce, Ingwer-Kokus-Panade und vieles mehr. Gegessen werden diese Leckereien in moderner und freundlicher Atmosphäre entweder drinnen oder bei gutem Wetter im niedlichen Gartenbereich nebenan. Hier verschönert ein Mural die Aussicht, und ein bunter Mix aus Pflanzen sowie großzügig verteilte Tische sorgen für genug Raum, um entspannt zu quatschen.

TIPP

Das Menü reflektiert die vietnamesisch-mexikanische Herkunft des Kochs und wechselt saisonal.

● Falansai, 112 Harrison Place, Brooklyn, NY 11237, Tel. +1 (3 47) 5 99 11 90
falansai.com
● ÖPNV: Metro L, Haltestelle Morgan Avenue

Tretboote & Rollerblades

19 Outdoor-Spaß im Prospect Park

Wen es auch auf Städtereisen immer wieder ins Grüne zieht, der sollte den Prospect Park bei seinem New-York-Besuch nicht auslassen. Der etwas über 2 Quadratkilometer große Park ist zwar kleiner als der Central Park, durch seine Lage in Brooklyn abseits der Touristen-Hochburgen aber deutlich weniger überlaufen. Im Park findet man deshalb nicht nur immer einen gemütlichen Platz für seine Picknickdecke, auch die kleinen Pfade und verschlungenen Wege sind noch naturbelassener als im Central Park.

An der Nordseite des Parks befinden sich östlich der Flatbush Avenue das sehr sehenswerte Brooklyn Museum und der Brooklyn Botanical Garden, der mit seinem liebevoll angelegten Rosengarten oder den prachtvollen Kirschblüten zum Verweilen einlädt. An Dienstagen kann man hier auch kostenlos durch die Anlage spazieren. Ansonsten findet man westlich der Flatbush Avenue an der Nordseite des Parks ein paar denkmalgeschützte Brückenbögen, einen Spielplatz und einen kleinen Zoo.

TIPP

Im Oktober kann man die wunderschöne Verfärbung der Blätter im Park beobachten.

Weiter im Süden des Parks befindet sich ein kleiner See, den man mit Tretbooten oder Kajaks entdecken kann. Die Rundfahrt schafft man auch in bedächtigem Tempo in circa 45 Minuten, sodass man bei einer Stunde Bootsmiete Zeit hat, Vögel zu beobachten oder die Sonne und Ruhe zu genießen. Gleich neben dem Bootsverleih ist das LeFrak Center. Dort kann man sich eine Kaffeepause gönnen, im Wasserspielplatz planschen – im Sommer kommt diese Abkühlung auch für erwachsene Kinder willkommen – oder auf der Laufbahn Rollerskates fahren.

Wer den Park zu Pferde entdecken möchte, kann dies auf einer der geführten Ausritte ebenfalls tun, allerdings sollte man dafür bereits im Vorhinein reservieren. Aber auch ohne Pferd kann man sich mit entsprechender Zeit den ganzen Park erlaufen, die kleinen Wasserfälle entdecken oder auf den wöchentlich stattfindenden Märkten schlendern. Langweilig wird es an einem Tag im Prospect Park auf jeden Fall nicht.

● Prospect Park, Brooklyn, NY 11225, prospectpark.org
● ÖPNV: Metro Q, B, S (Shuttle), Haltestelle Prospect Park;
Metro 2, 3, 4, Haltestelle Grand Army Plaza

Krümelmonster deluxe

20 Cookies in der Levain Bakery

Wer denkt, er hätte schon richtig gute Kekse in seinem Leben probiert, wird in der Levain Bakery eines Besseren belehrt. Die äußerlich unscheinbare Bäckerei unterscheidet sich, was die Aufmachung angeht. kaum von anderen vergleichbaren Geschäften. Auch innen ist es nicht sonderlich einladend oder gemütlich, da der Laden eher clean gehalten wird und an Bäckereitheken in Deutschland erinnert. Doch dieser unaufgeregte Schein trügt, denn die hier täglich frisch zubereiteten Backwaren sind wahnsinnig schmackhaft und jede Kaloriensünde wert.

Das Aushängeschild der Bäckerei ist deren Chocolate-Chip-Walnut-Cookie, der zu den besten der Stadt zählt, und das zu Recht. Außen goldbraun gebacken, die Walnüsse noch knusprig, aber innen ein weiches Herz aus Schokolade und Keksteig, das auf der Zunge zergeht.

TIPP

In anderen Läden der Bäckerei gibt es auch selbst gemachte Pizza-Kreationen.

Noch während man den ersten Bissen verarbeitet, möchte man noch einmal abbeißen, um dieses himmlische Geschmackserlebnis von vorne zu starten. Zum Glück bekommt man für seine 4 Dollar jede Menge Keks. Manche behaupten sogar, man könne sich die Portion teilen.

Wer es ganz typisch amerikanisch mag, kann sich auch einen Cookie aus dunkler Schokolade und Erdnussbutter gönnen. Falls es lieber fruchtig statt schokoladig sein soll, verkauft die Bäckerei auch leckere Oatmeal Raisin Cookies. Für Fruchtliebhaber ist der Blaubeer-Muffin aber fast eher zu empfehlen, denn auch dieser vereint eine etwas festere Außenhülle mit einem luftigen und saftigen Inneren. Wem das Wort zutschig etwas sagt, der weiß, worauf er sich hier freuen kann.

Neben den genannten werden weitere Geschmacksrichtungen der Produkte verkauft, genauso wie Scones, Kastenkuchen und eine kleine Auswahl an frisch gebackenen Broten. Empfehlenswert ist auf jeden Fall, sich verschiedene Dinge für später einpacken zu lassen. Dann hat man nicht nur den Genuss des Moments, sondern kann sich, wie das Krümelmonster, auf die nächste Keksmahlzeit freuen.

● Levain Bakery, 2167 Frederick Douglass Boulevard, New York, NY 10026,
Tel. +1 (6 46) 4 55 09 52, levainbakery.com
● ÖPNV: Metro A, B, C, Haltestelle 116th Street

Magie auf der Bühne

21 Ein Broadway-Stück erleben

Es gibt nur wenige Anlässe, die einen New Yorker dazu bringen, sich freiwillig zum Times Square zu begeben. Der von Leuchtreklamen belichtete Platz ist zwar das Herz der Stadt, deshalb aber auch oft von Touristen überlaufen. Dennoch ziehen die zahlreichen Theater, die sich rund um den Times Square am Broadway angesiedelt haben, auch menschenmassenmüde Anwohner in ihren Bann, und das zu Recht. Weltweit kann kaum eine Stadt mit dem mithalten, was sich in New York an Theater- und Musical-Szene entwickelt hat. Es gibt genügend Auswahl, um jeden Tag des Jahres ein anderes Stück sehen zu können, in eine neue Welt einzutauchen, mit anderen Charakteren mitzufiebern.

Vom eklektischen, aber mitreißenden Ein-Mann-Theaterstück bis hin zur großen Inszenierung mit imposantem Bühnenbild und Spezialeffekten, vom Musical-Klassiker wie dem *Phantom der Oper* bis hin zur ersten Vorführung eines neuen Skripts; am Broadway ist alles dabei.

TIPP

Es gibt drei TKTS-Kiosks mit reduzierten Tickets. An der Times-Square-Location steht man länger.

Besonders familienfreundlich sind die Disney-Klassiker wie *Aladdin, König der Löwen* oder *Frozen.* Aber auch Erwachsene können bei diesen farbenfrohen Inszenierungen ins Staunen kommen. Noch Tage später summt man die Melodien der Lieder vor sich hin und lächelt beim Gedanken an die Show. Fans des Family-Guy- und Simpsons-Humors sollten sich *The Book of Mormon* nicht entgehen lassen. Das von Seth MacFarlane entwickelte Musical ist zum Schreien komisch und teilweise ungemütlich, wie politisch inkorrekt und doch adäquat. Wem Musicals nicht zusagen, der kann sich von einem Theaterstück gleichermaßen begeistern lassen. Besonders toll ist es, einmal seine Lieblingsschauspieler live auf der Bühne zu sehen, was am Broadway häufig vorkommt.

Mit ein bisschen Planung kann man sich die Tickets der Lieblings-Show schon im Vorhinein sichern oder vor Ort zu einem vergünstigten Preis (z. B. mit der TodayTix-App) bekommen. Man sollte zudem keine Angst vor billigeren Plätzen haben, da man in der Regel von überall gut sehen und hören kann.

● Times Square, Manhattan, NY 10036
● ÖPNV: Metro 1, 2, 3, 7, N, Q, R, W, Haltestelle 42nd Street – Times Square

Pizza-Liebe zelebrieren

22 Das neapolitanische Restaurant Ribalta

Am Thema Pizza spalten sich in New York die Geister. Manche lieben die aus Chicago stammende Deep-Dish-Pizza mit dickem Teig und extra viel Käse und Sauce. Andere finden die dünnen Teigböden besser, die man nur mit zwei Händen essen kann, da sich das Stück und die sich darauf befindenden Zutaten ansonsten gen Boden verabschieden. Dann wiederum gibt es gehypte Orte, wie das Roberta's in Brooklyn, die eine Reise jedoch nicht unbedingt wert sind (zu teuer, zu lange Wartezeit, zu verbrannter Boden). Umso schöner ist es, einen Ort wie Ribalta zu entdecken, in dem man sich auf die authentische Qualität der Pizza verlassen kann. Das Restaurant wird nicht nur von Italienern geführt, sondern auch frequentiert, was ein gutes Zeichen für die Qualität und Authentizität internationaler Küchen ist.

TIPP

Das Restaurant ist oft auch unter der Woche ausgebucht. Daher unbedingt reservieren.

Gebacken werden die Pizzen hier noch im Holzofen. Die zum Gästebereich offene Pizza-Küche verschafft einen hautnahen Einblick in die frische Zubereitung und das perfekte Drehen der Teigfladen. Die Köche plaudern zwischendurch entspannt, lassen sich auch von einem vollen Restaurant nicht aus der Ruhe bringen. Wenn die Pizzen fertig sind, werden sie ganz, wie man es sich vorstellt, mit einem großen Holzspaten aus dem Ofen gefischt und noch dampfend an den Tisch gebracht. Neben fertigen Pizza-Varianten gibt es auch die Möglichkeit, sich seine eigene Pizza mit den besten Zutaten zusammenzustellen. Zum Beispiel gibt es extra aus Neapel importierten Mozzarella, gebackenes Gemüse, herzhafte Salami oder belebende Kräuter. In der Regel ist auch bei den Angeboten des Restaurants weniger mehr. Sie setzen auf intensive und vollmundige Geschmacksmomente frischer Zutaten und eine traditionelle Zubereitung.

Wer nach all diesem Pizza-Genuss noch Platz hat, sollte unbedingt eines der grandiosen Desserts probieren. Egal ob es die Mascarponecreme mit Erdbeeren und Biskuits oder das hausgemachte Tiramisu werden, der Nachtisch ist jede Sünde wert und kann dank großer Portionen gut geteilt werden.

• Ribalta, 48 East 12th Street, New York, NY 10003, Tel. +1 (2 12) 7 77 77 81
ribaltanyc.com
• ÖPNV: Metro 4, 5, 6, L, N, Q, R, W, Haltestelle 14th Street – Union Square

Ganz großes Kino

23 Freilichtkino am Pier 1

Hinter den Spiegel- und Steinfassaden der Hochhäuser geht im rot-orangenen Lichterspiel die Sonne unter. Die mit ihrer Energie aufgeladenen Gebäude und Straßen strahlen noch viele Stunden ihre Wärme ab. Vom Ozean aber kommt ein lauer Wind, der verhalten die Nacht ankündigt. Nicht weit entfernt ist die Brooklyn Bridge, auf der auch am Abend das beständige Hin und Her von Autos, Fußgängern und Fahrradfahrern kein Ende nimmt. Man selbst aber sitzt entspannt auf einer Decke im Park und genießt dieses Szenario und den Ausblick auf Lower Manhattan.

So ungefähr lässt sich der Moment beschreiben, wenn man bei Movies with a view, der Freilicht-Filmserie im Brooklyn Bridge Park ist. Jedes Jahr wird hier im Juli und August eine Mischung aus Klassikern und aktuellen Filmen unter freiem Himmel gezeigt. Dazu kann man sich nicht nur eine Decke, sondern auch ein ganzes Picknick mitbringen und entspannt einen fantastischen Abend verbringen. Wer weniger vorbereitet kommt, kann sich auch Essen an einem der verschiedenen Food Trucks holen, die die Promenade zieren. Besonders toll ist, dass es auch Unterhaltung für diejenigen gibt, die etwas früher ankommen, um sich gute Plätze zu sichern. An jedem der Termine legen vor dem Film bekannte DJs aus der Stadt auf. Und im Zweifel lohnt sich die extra Zeit auch einfach, um den Ausblick und das Sonnenuntergangsszenario auf sich wirken zu lassen.

TIPP

Viele Film-reihen sind kostenlos, das Geld für Tickets ist oftmals woanders besser investiert.

Ähnliche Filmabende gibt es übrigens nicht nur am Pier 1, sondern zwischen Juni und September überall in der Stadt in Parks, auf verschiedenen Rooftops oder in semi-privaten Gärten. Das Prinzip reicht von Decke-und-Picknick-selbst-Mitbringen bis hin zu Filmserien, bei denen man statt im Kinosaal im Sonnenstuhl sitzt und Bluetooth-Kopfhörer bekommt. Einziger Nachteil dieses einzigartigen Kinoer-lebnisses ist, dass man sich nicht immer entscheiden kann, ob man lieber auf die Leinwand schaut oder auf die faszinierenden Stadtan-sichten.

● Movies with a view, Brooklyn Bridge Park Greenway, Brooklyn, NY 11201
brooklynbridgepark.org/event-series/movies-with-a-view
● ÖPNV: Metro A, C, Haltestelle High Street

Einfach genießen

24 Simple Café & Shop in Williamsburg

Wen es nach Williamsburg verschlägt, der wird keine Probleme haben, eine reiche, volle Auswahl an Restaurants zu finden, die sich entlang der Bedford Avenue und ihrer Seitenstraßen tummeln. Während sich besonders zwischen der North 9th Street und Metropolitan Avenue viele Touristen aufhalten, lassen sich bereits ein paar Blocks weiter weniger aufgeregte und dennoch hippe Orte finden, an denen man ruhiger speisen kann. Nicht verpassen sollte man das herrlich entspannte Simple Café an der South 3rd Street.

Dieses schnuckelige französisch-algerische Restaurant ist eine absolute Oase und schafft es, selbst zu typischen Brunch-Tagen nicht überlaufen und laut zu sein. Statt übertönender Musik, die dafür sorgt, dass alle Gäste entsprechend lauter werden, läuft im Hintergrund Jazz, sodass man sich ganz gemütlich unterhalten kann. Dieses Flair wird unterstützt von hellen Wandfarben, großen Pflanzen und einer großzügigen Verteilung der Tische. Man kommt sich hier ein wenig wie in einem mediterranen Garten vor und vergisst, dass man innen sitzt.

TIPP

Teil des Cafés ist ein süßer Shop, in dem man allerlei kleinere und größere Andenken kaufen kann.

An einen anderen Ort versetzt einen aber nicht nur das Ambiente, sondern vor allem das sehr leckere Essen, das keine Wünsche offen lässt. Serviert auf bunt gemischtem Ton- und Porzellangeschirr, genießt man das Beste aus zwei Küchen. Wenn man sich nicht entscheiden möchte, sollte man am Wochenende das Brunch-Buffet bestellen. Hierfür bekommt man neben zwei Getränken Eier, Kartoffel- und Gemüsegratin, hausgemachtes Brot, Salat, Quinoa, Croissants, ein Stück Quiche, Joghurt mit Granola und Früchten und vieles mehr, von dem man auch zu zweit satt wird. Obwohl die Hauptzeiten des Cafés von 10 bis 16 Uhr sind, gibt es von September bis April auch am Abend eine kleine Auswahl an Speisen und Getränken. Von 17 bis 20 Uhr ist Happy Hour, während der man Appetizer günstiger bekommt und sich ein bisschen durchprobieren kann. Für den kleinen Hunger ist das hausgemachte Baba Ghanoush auf jeden Fall einen Besuch wert.

....

● Simple Café & Shop, 346 Bedford Avenue, Brooklyn, NY 11249,
Tel. +1 (7 18) 2 18 70 67, simplecafenyc.com
● ÖPNV: Metro L, Haltestelle Bedford Avenue; Metro J, M, Haltestelle Marcy Avenue

Einkaufen mit Geschichte

25 Story Store im Macy's

Für viele gehört das Einkaufen bei Macy's einfach zum New-York-Besuch dazu. Wer allerdings nicht mit einer festen Einkaufsabsicht kommt, kann von der immensen Auswahl des sich über acht Etagen streckenden Traditionsgeschäfts auch mal überfordert sein. Falls man nicht gerne schlendert, ist es deshalb ratsam, genau zu überlegen, was man sucht, und nur entsprechende Abteilungen anzusteuern.

Ein echtes Erlebnis ist der Story Store, zu dem man am schnellsten durch eine der Seitentüren an der 34. Straße kommt. Über Rolltreppen gelangt man in die Zwischenetage, die einen mit farbenfroher Dekoration – deutlich abgehoben vom ansonsten eher klassischen Design im Geschäft – und einem regelmäßig wechselnden Thema erwartet. Unter diesem Thema, passend für den Sommer zum Beispiel „Outdoor Fun", werden Produkte zahlreicher Anbieter, vor allem aber kleinerer Unternehmen und Start-ups präsentiert. Neben neu interpretierten Alltagsgegenständen findet man hier fantasievolle Gimmicks und farbenfrohe Kreationen der Firmen. Beim Outdoor-Thema gibt es zum Beispiel eine Couch aus Kunstgras, hinter der ein Regal viele Produkte präsentiert, die sich um das Thema grünes Heim und Garten sammeln. Im Nebenraum geht es eher ums Grillen. Dort werden Kochbücher, erfrischende Limonaden oder innovative Grillwerkzeuge angeboten. Und noch weiter hinten ist man dann thematisch am Strand, einem offensichtlich farbenfrohen Erlebnis mit Einhorn-Sonnencreme (die Lotion enthält mehrfarbige Glitzerpigmente) oder aufblasbaren und wasserfesten Getränkehaltern.

Nicht nur, dass man hier ein spaßiges und fotoreifes Einkaufserlebnis hat, man kann sich auch von den kleineren und größeren Dingen für den eigenen Garten oder Grillabend inspirieren lassen. Auf jeden Fall sind die Produkte praktische Mitbringsel, die man tatsächlich benutzt und durch die man noch lange etwas vom New-York-Besuch hat.

TIPP

In der Vorweihnachtszeit zu Macy's in die Holiday Lane gehen und tollen Baumschmuck ergattern.

● Story by Macy's, 151 West 34th Street, New York, NY 10001
macys.com/stores/ny/newyork
● ÖPNV: Metro B, D, F, N, Q, R, W, Haltestelle 34th Street – Herald Square

Tanzend in den Tag

26 Aufwachen mit den Daybreakers

Es ist 5:30 Uhr morgens. Gerade erst schimmern die ersten Sonnenstrahlen vorbei an den Häusern und über die Bäume hinweg. Noch ist die Luft frisch, die Straßen sind leer. Die U-Bahn hat man jetzt fast für sich allein. Von wegen die Stadt, die niemals schläft. Je mehr man sich jedoch seinem Ziel nähert, desto mehr Leute sieht man. Menschen aller Altersgruppen und aus allen Ecken der Stadt, die ein Vorhaben vereint: gemeinsam in den Morgen tanzen.

Seit mehreren Jahren veranstalten Daybreaker Partys überall auf der Welt, New York im Epizentrum der Organisation. Das Ziel ist einfach: Tanzen, Spaß haben, in der Gemeinschaft feiern, und das ohne Alkohol. Die Daybreakers treffen sich circa einmal im Monat von 6 Uhr bis 9 Uhr an wechselnden Orten. Mal auf der Dachterrasse eines Hotels mit Blick auf Manhattans Skyline, auf einem Boot, das eine Rundfahrt zur Freiheitsstatue macht, oder in einem angesagten Club mitten in China Town. Nur eines bleibt gleich: Von 6 Uhr bis 7 Uhr gibt es eine gemeinsame Yoga-Session, und danach wird für 2 Stunden die Tanzfläche gerockt. Das Motto der Party wechselt, ist aber nie verpflichtend. Da kann man auch zu einer „Ganz in Weiß"-Party mit buntem Blumenkleid oder edlem Nadelstreifen kommen. Hauptsache ist, man fühlt sich wohl in seiner Haut.

TIPP

Wer lieber ohne Motto tanzt, ist bei barefoot boogie.org an der richtigen Adresse.

Wer einmal bei einer solchen Party war, weiß aber, dass es um mehr geht als eine hippe Location oder eine Mottofete. Daybreaker, das ist auch Gemeinschaft, fast wie eine große Familie. Es geht nicht um Alkohol oder blöde Anmache, sondern um die Liebe zum Tanzen, die Liebe zum Leben und die Liebe zu sich selbst. Da ist man dann auch mal plötzlich mitten in einer riesigen Gruppenumarmung, teilt Geschichten mit völlig Unbekannten, oder man tanzt ganz für sich in seiner eigenen Welt.

In einer Stadt wie New York, die auch mal überfordernd und kalt sein kann, ist das Event ein Ort, um Energie zu tanken und in Glücksgefühlen zu schwimmen.

● Daybreaker Events, wechselnde Locations
daybreaker.com/city/nyc

La Ola, Tröten & Fanfare

27 Sportevents im Barclays Center

Besonders bei Sportevents wird deutlich, wie ausgiebig man hier Unterhaltung zelebriert. Wem Lichteffekte, laute Geräusche und Menschenmengen nichts ausmachen, der bekommt immer etwas geboten und sollte diese Erfahrung mitnehmen. Auch schwindelfrei muss man sein, denn die meisten Stadien haben eine größere Platzkapazität, die durch stark vertikal ausgerichtete Ränge auch noch ganz oben eine gute Sicht auf das Geschehen garantiert.

Der wichtigste Teil des Spiels geschieht aber schon, bevor man auf seinem Platz sitzt. Beim Football etwa ist es üblich, dass man bereits Stunden vor dem Spiel einen Parkplatz ergattert, um vor dem Pickup Truck mit Familie und Freunden zu grillen. Das Zusammenkommen mit Freunden oder Fremden steht im Vordergrund. Man sollte also ruhig etwas früher ankommen, wenn man Lust hat, lokale Fans kennenzulernen. Beim Basketball im Brooklyner Barclays Center spielt sich das Kennenlernen in den verschiedensten Kiosken, Geschäften, Bars oder an den Ständen ab. Obwohl man für Essen und Getränke etwas mehr Geld mitbringen muss, lohnt sich eine Runde, um das Angebot zu erkunden. Sie sind in der Regel Außenstellen berühmter Brooklyner Restaurants und verkaufen beliebte Spezialitäten.

TIPP

Am Spielfeldrand kann man häufig auch Stars und Sternchen erspähen.

Sitzt man endlich gesättigt am Platz, richtet sich der Blick auf das Spielfeld, auf dem Moderatoren und Maskottchen kleine Wettbewerbe ausrichten. Danach, und immer wieder in größeren Spielpausen, folgen athletische Tanzeinlagen von Cheerleader-Gruppen, bei denen die Zuschauer animiert werden. Kurz vor Spielstart wird dann die Nationalhymne live gesungen, wenn man Glück hat, sogar von einer bekannten Sängerin oder populären Band. Zwischen all diesem Trubel, den Jumbotron-Aufforderungen zur lautstarken Unterstützung des Heimteams und der Kiss-Cam, die nach potenziellen Partnern sucht, kann man dann auch noch das machen, wofür man eigentlich hergekommen ist: ein Basketballspiel der Brooklyn Nets ansehen.

● Barclays Center, 620 Atlantic Avenue, Brooklyn, NY 11217
● ÖPNV: Metro 2, 3, 4, 5, B, D, N, Q, R, W, Haltestelle Altantic Avenue/Barclays Center

Insel der Ruhe

Governors Island

Gefühlt kilometerweit weg vom Gewusel Lower Manhattans und doch nur einen Steinschlag entfernt, liegt Governors Island. Die ehemalige Militärinsel ist inzwischen ein wahres Naherholungsgebiet. Da sie nur mit einer Fähre erreichbar ist, fahren hier keine Autos. Stattdessen kann man sich die gesamte Fläche erlaufen oder mit Fahrrädern erkunden, die man direkt hinter der Anlegestelle mietet. Egal ob allein oder in der Kleingruppe, eine gemütliche Radtour auf der und um die Insel macht Spaß und bietet etwas Abwechslung vom ständigen Laufen.

Wer Interesse an Kunst oder an der Natur mitbringt, findet hier seinen Platz zum Staunen, Ansehen, Lernen, Nachdenken oder Entspannen. Staunen kann man von vielen Punkten der Insel aus auf die Skyline Manhattans, die kaum einen Kilometer entfernt ist. Wer sich lieber mit der Natur in Einklang fühlen möchte, kann im Öko-Garten mehr über Pflanzen und Kompostieren lernen oder die Bienen im geschützten Bestäubungsgarten bei ihrer Arbeit beobachten. Kunstfreunde finden Sonderausstellungen und Galerien, die immer einen Besuch wert sind.

Zum Entspannen laden zahlreiche Sitzmöglichkeiten, Hängematten oder Tribünen ein, die auf der Insel verteilt sind. Obwohl man über das Wasserrauschen hinweg noch hier und da die fernen Echos der Großstadt hören kann, ist man doch eindeutig in einer Erholungszone. Weitblick, Ruhe und Bedächtigkeit entschleunigen und geben eine wohlverdiente Auszeit. Für noch mehr In-sich-Kehren sorgen die Yoga-Kurse, die hier zu verschiedenen Tageszeiten angeboten werden.

Und wer daraus gleich eine Kur machen möchte, kann das tun, indem man sich in eine der wenigen Unterkünfte vor Ort einbucht. Das sind keine Hotels, sondern modern eingerichtete Wohnzelte, in denen man komfortabel und geschützt schläft und von denen aus man ganz relaxt im Morgenmantel mit Kaffee in der Hand seinen Blick über den Hafen Downtowns schweifen lassen kann.

TIPP

Vor dem Besuch nachsehen, was auf der Insel offen hat und welches Programm geboten wird.

● Governors Island Ferry, Battery Maritime Building, 10 South Street, New York, NY 10004, govisland.com
● ÖPNV: Metro 1, Haltestelle South Ferry; Metro 4, 5, Haltestelle Bowling Green; Metro R, Haltestelle Whitehall Street

Purer Nervenkitzel

29

Achterbahn im Luna Park

Fest im Sitz angeschnallt, während der Adrenalinpegel langsam in die Höhe steigt. Noch steht der Wagen und füllt sich mit den letzten Fahrgästen, die erwartungsvoll dem Erlebnis entgegenfiebern. Dann setzt sich das Gefährt mit einem Ruck in Gang, und der Wagen klettert innerhalb von kürzester Zeit vertikal 30 Meter in die Höhe. Jetzt gibt es kein Zurück mehr.

Wie eine Ewigkeit kommt einem der Moment vor, in dem der Wagen der Achterbahn zwischen Aufstieg und fast vertikalem Fall schwankt. Ein letztes Mal durchatmen und dann geht es mit Bauchflattern, Geschrei, angehaltenem Atem, geschlossenen oder weit aufgerissenen Augen bergab und mit circa 90 Stundenkilometer durch den 2-minütigen Parcours des Thunderbolt. Diese Achterbahn ist nichts für schwache Nerven aber jeden Cent wert. Aber egal ob Adrenalin-Junkie oder nostalgischer Karussell- und Zuckerwatte-Liebhaber; bei einem Besuch im Luna Park kommt jeder auf seine Kosten. Wem die Thunderbolt zu gewagt ist, der sollte sich auf die Coney Island Cyclone trauen, eine Achterbahn, die seit 1927 hier Fahrgästen Glücksgefühle beschert. In der Arkade kann stundenlang gezockt werden, und auf der Gokart-Bahn kann die ganze Familie gegeneinander antreten.

TIPP

Online nach Coupons suchen und viel Geld sparen.

Das Tollste ist, dass man sich bei einem Besuch gleichzeitig die Meeresluft um die Nase wehen lassen kann. Denn während man in Europa oft in abgelegene Orte fahren muss und den ganzen Tag verplant, kann man in New York einen Ausflug zum Vergnügungspark mit einem Spaziergang am angrenzenden Strand verbinden und ist innerhalb von 45 bis 60 Minuten mit der U-Bahn zurück in Midtown.

Bevor man jedoch wieder fährt, sollte man sich an der Strandpromenade einen leckeren Snack gönnen. Angeblich wurde im hier ansässigen Nathan's-Store der Hot Dog erfunden. Neben den Fast-Food-Ketten direkt am Boardwalk findet man nach einem kurzen Spaziergang Richtung Osten aber auch charmante russische Restaurants mit Spezialitäten für jede Jahreszeit.

● Luna Park, 1000 Surf Avenue, Brooklyn, NY 11224
lunaparknyc.com
● ÖPNV: Metro D, F, N, Q, Haltestelle Coney Island/Stillwell Avenue

Jeder ist Grillmeister

30 Koreanisches Barbecue bei Jongro BBQ

Im absoluten Zentrum Midtowns liegt Koreatown, eine vergleichsweise kleine, aber dennoch kulinarisch abwechslungsreiche Nachbarschaft, die einiges zu bieten hat. Direkt auf der 32. Straße zwischen der 5th Avenue und dem Broadway, finden sich mehrere sehr empfehlenswerte Restaurants, die von Touristen aufgrund der äußeren Erscheinung der Straße aber zu oft verpasst werden. Viele bunte Leuchtanzeigen lassen vermuten, dass sich hinter den Schaufenstern und Fassaden eine ganze Welt befindet.

Kulinarisches Highlight hier ist auf jeden Fall das koreanische Barbecue, welches man sehr lecker und in guter Qualität zum Beispiel bei Jongro BBQ bekommt. Das offen gestaltete Restaurant erinnert eher an eine Halle, verliert durch die Sitzbänke mit höheren Rücken, die eine Art Abgrenzung zum nächsten Tisch bieten, aber nicht an Gemütlichkeit. Jeder der Tische verfügt über einen eingelassenen Grill, denn hier wird das Essen nicht in der Küche zubereitet, sondern vom Gast selbst auf dem Tischgrill.

TIPP

Wer gerne Fisch isst, findet in der 32. Straße weitere BBQ-Restaurants.

Bestellt wird eine Mischung aus rohem Gemüse, Schweine- oder Rindfleisch, welches jeweils frisch von Farmen bezogen wird, die auf künstliche Futterzusätze verzichten, sodass man ganz ohne schlechtes Gewissen zuschlagen kann. Durch die Auswahl an Gemüse ist das Barbecue auch für Vegetarier geeignet. Zwischenzeitlich bekommt man aber das Gefühl, dass es gar nicht so sehr um das Essen geht, sondern eher um dessen Zubereitung. Beinahe kindisch freut man sich darauf, seine eigenen Kreationen zu probieren und bei der nächsten Runde noch kreativer zu werden. Dabei fiebert man gespannt dem perfekten Garzeitpunkt entgegen und kommentiert den Grillprozess wie ein Fußballspiel.

Wer sonst schüchterner ist, kann sicher sein, hier ein Gesprächsthema zu finden. Man muss also keine Angst haben, dass der Abend oder das Mittagessen langweilig werden. Im Gegenteil, man verlässt das Restaurant nicht nur mit einem vollen Bauch, sondern mit einer gehörigen Portion guter Laune.

● Jongro BBQ, 22 West 32nd Street 2nd Floor, New York, NY 10001, Tel. +1 (2 12) 4 73 22 33, jongrobbqny.com
● ÖPNV: Metro 6, Haltestelle 33rd Street; Metro B, D, F, N, Q, R, W, Haltestelle 34th Street – Herald Square

Mittagspause am Wasserfall

Greenacre Park in Midtown

Zugegebenermaßen gehört Midtown Manhattan nicht zu den grünsten Flecken der Stadt. Wer aber denkt, dass man für ein bisschen Ruhe und Natur in den Central Park muss, hat sich geirrt. Denn ganz unscheinbar zwischen Geschäfts- und Häuserfronten in der 51. Straße liegt der kleine Greenacre Park. Wenn man dorthin navigiert, ist man beim Ankommen fast schon überrascht, denn durch die dunklen Metall-Abgrenzungen des Parks ist er von außen fast nicht sichtbar. Umso schöner ist es dann aber, hineinzugehen und das zierliche Gelände zu erkunden.

Obwohl der Park nicht in einer Wiesen-, sondern Steinlandschaft eingefasst ist, zählt er zu den absoluten Glücks- und Entspannungsorten. Grund dafür ist der circa 6 Meter hohe Wasserfall, der hier unbekümmert vom Trubel auf der Straße vor sich hinplätschert. Drum herum wächst allerlei Grün an der Steintrasse herab, sodass man zwischenzeitlich vergisst, dass die Anlage künstlich hergerichtet wurde. Rund um den Wasserfall wurden im Park verschiedene Ebenen angelegt, von denen aus man das erfrischende Wasserspiel beobachten kann. Links im Park ist eine überdachte Ebene, in der viele Menschen eher für sich allein sitzen, Zeitung oder Bücher lesen oder ein Nickerchen machen. Direkt in der Mitte und weiter unten am Wasser stehen kleine Bistrotische und -stühle, an denen man es sich auch mit Gesellschaft gemütlich machen kann. Wer es noch erfrischender haben möchte, kann auf der rechten Seite auf einer der Steinbänke Platz nehmen und seine nackten Füße im Mini-Flussbett abkühlen.

Wie für viele Orte in der Stadt gilt das Prinzip, jeden Meter auszunutzen, wobei das im Park wenig aufdringlich passiert, sondern eher zur Gemütlichkeit beiträgt. Sobald es draußen ein bisschen wärmer wird, sollte man hier ein Mittagspäuschen einlegen und sich von der gesundheitsfördernden Wirkung des Wasserrauschens überzeugen lassen. Ein Besuch ist wirklich eine Wohltat für den Geist und die Seele.

TIPP

Von Mai bis Oktober verkauft der Parkkiosk Snacks und Eis.

● Greenacre Park, 217 East 51st Street, New York, NY 10022
greenacrepark.org
● ÖPNV: Metro 4, 6, Haltestelle 51st Street Station;
Metro E, Haltestelle Lexington Avenue/53rd Street

Hundelecker snacken

32

Papaya King Hot Dogs

Wenn man unterwegs ist, hat man vielleicht nicht immer Lust, sich zum Essen in ein Restaurant zu begeben. Braucht man auch nicht in einer Stadt wie New York, die für ihre reichhaltige Auswahl an Street Food berühmt ist. Der absolute Klassiker ist natürlich der Hot Dog, wobei man sich nicht mit der Streetcar-Version zufriedengeben muss. Diese ist zwar mit ein bis zwei Dollar oftmals günstig, aber dafür liegen die Würstchen meist schon länger auf dem Grill und werden ohne Topping nur mit Ketchup oder Senf serviert. Eine kreativere und deutlich leckerere Version des Hot Dogs gibt es bei Papaya King. Diese bereits von außen durch die farbenfrohe gelb-rote Dekoration klar erkennbare New Yorker Institution bietet rund um die Wurst im Brotmantel alles an, was man sich wünschen könnte.

TIPP

Im nah gelegenen Central Park kann man nach dem reichhaltigen Essen eine Verschnaufpause machen.

Neben der traditionellen Sauerkraut- und Zwiebel-Variante gibt es hier auch den in New York beliebten Chili-Cheese-Dog mit Chili con Carne und Käsesauce. Etwas experimentierfreudiger, aber absolut empfehlenswert ist die Hula-Hula-Wurst mit frischer Ananas, Zwiebeln, Paprika und Jalapenos. Der Geschmack ist einzigartig, scheidet aber die Geister. Der Hula-Hula ist eben die Pizza Hawaii unter den Hot Dogs.

Wen die Hot-Dog-Varianten auf dem Menü einfach nicht zusagen, der kann selbst kreativ werden und verschiedene Toppings mischen. Neben den genannten gibt es unter anderen auch Pilze, Bacon, Coleslaw oder saure Gurken. Zum Hot Dog gibt's im Menü immer ein Getränk kostenlos dazu, sodass man voll versorgt ist. Und wer hiervon noch nicht genug hat, kann sich entweder noch eine Portion gönnen oder einen Nachtisch bestellen. Es gibt zum Beispiel frittierte Oreo-Kekse, eine kulinarische Idee, die so nur aus den USA kommen kann. Die Kekse sind wahrscheinlich genauso umstritten wie die Ananas-Schinken-Kombination, haben aber in New York durchaus Hype-Faktor. Wer also einfach mal wissen will, was dahintersteckt, kann sie hier einigermaßen preiswert bekommen und sich selbst eine Meinung bilden.

● Papaya King, 206 b East 86th Street, New York, NY 10028, Tel. +1 (6 46) 8 23 08 79
● ÖPNV: Metro 4, 5, 6, Q, R, Haltestelle 86th Street

Sag Ja zum Leben

33 Ausgehen im House of Yes

Vorweg ist zu sagen, dass diese Location bestimmt nichts für jede und jeden ist. Wer aber Lust auf ein ausgefallenes und einzigartiges Ausgeherlebnis in der Stadt hat, ist hier an der richtigen Stelle. Der hippe Club wurde, typisch für die Nachbarschaft, in einer alten Lagerhalle gebaut und bietet damit reichlich Platz für die Veranstaltungen, die darin stattfinden.

Dazu gehören beispielsweise thematische Zirkusabende, an denen sich talentierte Artisten und Akrobaten zur Schau stellen, von den Decken hängen oder zwischen dem Publikum performen. Zudem ist das House of Yes eine der bekanntesten Adressen für die Burleske-Szene. Wer noch nie eine der freizügigen Shows gesehen hat, sollte hier beginnen und sich in den Bann dieser Kunstform ziehen lassen. Und wer schon immer davon geträumt hat, selbst auf der Bühne zu stehen, kann das bei der Amateur Burlesque Night tun. Kaum ein Publikum wird so motivierend und unterstützend sein wie die Menschen hier, die sich ebenfalls einfach auf diese Art und Weise ausdrücken möchten. Auch bei allen anderen Partys wird Beteiligung großgeschrieben, wobei man immer selbst bestimmt, wie sehr man mitmachen möchte.

TIPP

Tickets sind oft auch kurzfristig verfügbar. Ein perfekter Tipp für spontane Abende.

Wer es etwas weniger wild mag als beim Amateur-Burleske kann einfach an einem der regulären Abende herkommen, an denen das House of Yes mit thematischen Partys aufwartet oder bekannte DJs auflegen. Da kann man sich einfach die Seele aus dem Leib tanzen und jede Menge Spaß haben. Der Club selbst weist in seiner Mission auf die heilende Kraft des Tanzes und des persönlichen Ausdrucks hin, und das spürt man hier. Auf jeden Fall wird man deshalb zu jedem Zeitpunkt des Besuchs, egal ob Motto-Abend oder nicht, Menschen in ausgefallenen Outfits bewundern können, die hier nicht blöd angeschaut, sondern gefeiert werden. Man ist eben inmitten von Ja-Sagern, die Lust am Leben haben und deren Energie einen mitnimmt, sodass man gar nicht anders kann als zu lächeln.

● House of Yes, 2 Wyckoff Avenue, Brooklyn, NY 11237, Tel. +1 (6 46) 8 38 49 73
houseofyes.org
● ÖPNV: Metro L, Haltestelle Jefferson Street

Draußen-Sein als Erlebnis

34 Bryant Park

Kaum ein Ort in New York nimmt im Laufe des Jahres so viele Gesichter an wie der Bryant Park in Midtown. Ab dem Spätherbst, insbesondere zwischen Thanksgiving und Jahresende, entsteht hier ein Winter-Wonderland mit einer kleinen Schlittschuharena, die im Zentrum des Parks von einem Weihnachtsmarkt eingebettet wird. Der ganze Park erleuchtet dann in bunten Lichtern, füllt sich mit Menschen, die hier kleine Geschenke kaufen oder einfach für das Essen an einen der zahlreichen Stände kommen, deren Vielfalt weit über Bratwürste oder Schokoobst hinausgeht. Tatsächlich findet man an der Südseite des Weihnachtsmarkts Geschmäcker aus aller Welt und tolle neue Street-Food-Kreationen.

Sobald der Frühling kommt, blühen hier die Bäume und Sträucher auf, sodass der Park mit seinen verschiedenen Sitzgelegenheiten zur Mini-Oase wird, in der man ganz entspannt eine Mittagspause machen und die Seele baumeln lassen kann. Mitten im Park ist kaum wahrzunehmen, dass der Times Square und die damit verbundenen Menschenmassen in greifbarer Nähe sind, während man hier die Natur genießt.

TIPP

Nicht gehen, ohne einen Blick in die New York Public Library im Osten zu werfen.

Sobald die Temperaturen moderat sind, verwandelt sich der Bryant Park in einen geschäftigen Veranstaltungsort mit abwechslungsreichem Programm. Ein besonderes Highlight, das man im Sommer unbedingt mitnehmen sollte, ist das Open-Air-Kino. Hierfür wird an einer Seite des Parks eine große Leinwand aufgebaut, vor die man es sich entweder auf einem der Liegestühle oder auf einer mitgebrachten Decke gemütlich machen kann. Dazu bringt man sich am besten noch ein paar Snacks mit, und schon ist der Kino-Abend unter freiem Himmel perfekt. Oftmals gibt es für die Filme Kopfhörer, damit die Geräusche der umliegenden Straßen das Filmerlebnis nicht stören und man sich ganz und gar darauf konzentrieren kann. Dennoch sorgt die Szenerie für ein besonderes Gefühl, das es so im dunklen Kinosaal nicht gibt. Egal, wonach man gerade sucht, Aufregung, Ruhe oder einfach einen leckeren Snack – im Bryant Park wird man fündig.

● Bryant Park, 42nd Street zwischen 5th und 6th Avenue, New York, NY 10018
bryantpark.org
● ÖPNV: Metro 7, Haltestelle 5th Avenue – Bryant Park;
Metro B, D, F, Haltestelle 42nd Street – Bryant Park

Brunch New York Style

35 Beim Marokkaner Café Mogador

Am Wochenende machen die New Yorker am liebsten eines: brunchen. Jedes Restaurant und Café, das etwas auf sich hält, bietet am Samstag und Sonntag bis in den Nachmittag ein Brunchmenü an. Anders als vielerorts in Deutschland heißt Brunch hier aber nicht, dass man für einen Fixpreis beliebig viel essen kann. Stattdessen bezeichnet Brunch eher einen Mix aus Frühstück und Mittagessen, sodass die Menüs süße Klassiker, wie French Toast und Pancakes, mit herzhaften Gerichten kombinieren, deren Herzstück Eier in allen denkbaren Formen sind. Besonders charmant wird dieses Konzept im Café Mogador umgesetzt. Das kleine marokkanische Café ist mitten im East Village gelegen, dem Boho-Viertel Manhattans. Wo sich früher lokale Künstler niedergelassen haben, wohnen heute betuchtere Menschen, denn die Nachbarschaft gehört zu einer der teuersten der Stadt. Dennoch dominieren in den ruhigen Seitenstraßen zwischen den trubeligen Avenues der Ostseite noch kleinere Geschäfte statt Ketten; mit handgearbeiteten Andenken, eingesessenen Tattoo-Shops und Secondhand-Läden, die von stilbewussten Besuchern und Anwohnern frequentiert werden.

TIPP

Für einzigartige Mitbringsel eine Straße weiter nördlich im Pink Olive East Village vorbeischauen.

Dieses gesellige Treiben kann man von den zierlichen Bistrotischen im Außenbereich des Café Mogador beobachten, während man, umgeben von minimalistischer Blumendeko, seinen traditionell aufgebrühten Minztee genießt und in einem Buch schmökert. Allein für diesen Wohlfühlmoment lohnt sich ein Besuch bereits. Aber auch Feinschmecker kommen auf ihre Kosten, zum Beispiel mit den Moroccan Eggs, zwei pochierten Eiern mit scharfen, gedünsteten Tomaten, gerösteten Kartoffeln und Pita. Dazu kann man sich aus der regulären Speisekarte Mezze bestellen, kleine Vorspeisen und Dips, die das Gericht abrunden. Unbedingt probiert haben sollte man das Labne oder die Merguez-Würstchen. Wer zu den Menschen gehört, die Tomatensaft auch außerhalb von Flugzeugen trinken, der kann mit dem Smoky Maria, einer etwas schärferen Variante des Longdrink-Klassikers, sein Bruncherlebnis abrunden.

● Café Mogador, 101 St Marks Place 1, New York, NY 10009, Tel. +1 (2 12) 6 77 22 26
cafemogador.com
● ÖPNV: Metro 6, Haltestelle Astor Place

Urbane Oase

36 Entspannen im verwunschenen Kirchengarten

Bei einem Spaziergang durch das West Village treffen das neue und alte New York aufeinander. Hinter den Häuserfronten der verwinkelten Ziegelgebäude mit ihren ikonischen Feuerwehrleitern verbergen sich hippe Kleidungsgeschäfte, einzigartige Kunstgalerien und vielfältige Restaurants, die gleichermaßen Touristen und Anwohner in ihren Bann ziehen. Besonders in der Christopher Street und um sie herum pulsiert das Leben bis weit in die Nachtstunden hinein.

Wie ein Fels in der Brandung befindet sich inmitten dieses regen Treibens einer der unscheinbarsten, aber wohl schönsten Orte der Stadt. Entlang der Hudson Street kaum zu sehen, hinter bewachsenen Gittern und einer Ziegelmauer verborgen, ist der Garten der Kirche St. Luke in the Fields. Der kleine Park ist kaum größer als die Kirche selbst, und

TIPP

Frische und süße Snacks im Brooklyn Fare Supermarkt um die Ecke besorgen.

doch gibt seine dichte Bepflanzung genug Schutz vor dem Hin und Her der anliegenden Straßen. Nicht zuletzt vergisst man beim Betreten des Geländes, dass man sich nach wie vor in der Millionenmetropole New York befindet.

Statt blinkenden Ladenfronten kann man sich hier vom Frühjahr bis spät in den Herbst hinein an farbenfrohen Gewächsen sattsehen. Statt der üblichen Gerüche der Großstadt ist man umgeben von den süßen oder würzigen Aromen, die Blüten und Sträucher versprühen. Da ein Spaziergang im Park eher einer Drehung entspricht, nimmt man die Szenerie am besten von einer der wenigen Bänke auf.

Egal ob im Schatten der Kletterpflanzen oder mit dem Gesicht in der warmen Sonne, es ist schön, die Augen zu schließen und die Geräuschkulisse der Stadt wie das entfernte Rauschen eines Flusses auf sich wirken zu lassen. Dieses Gefühl einer Meditation, einer verdienten Pause, wird nur davon gesteigert, dass man im Garten keine Handys benutzen darf. Obwohl das Gerät natürlich sehr nützlich ist, ist ein bewusstes Aus- und damit Abschalten einfach nur herrlich. Und wem eine kurze Verschnaufpause nicht genug ist, der lässt das Handy ganz zu Hause und vergisst bei einem guten Buch Zeit und Raum.

● St Luke in the Fields, 487 Hudson Street, New York, NY 10014
stlukeinthefields.org/about-us/our-gardens
● ÖPNV: Metro 1, Haltestelle Christopher Street – Sheridan Square

Spaßiger Live-Hack

37 Axtwerfen im Kick Axe

Einen Besuch im Kick Axe vergisst man sicher nicht so schnell, denn dieses rustikal-stylische Lokal ist mehr als nur eine Bar. Hier kann man sich die Zeit nämlich auch mit Axtwerfen vertreiben. Beim Betreten erinnert das Kick Axe an eine Berghütte. Dunkle Farben, karierte Muster, viel Holz und ein Geweih an der Wand vollenden den Look. Hinter dem gemütlichen Eingangsbereich, in dem man es sich bereits mit Getränken und Gesellschaftsspielen bequem machen kann, gibt es die eigentliche Bar und dann durch Metallzäune getrennte Axt-Wurf-Bahnen.

Am besten reserviert man hier im Vorhinein, um sichergehen zu können, dass man zu seiner Wunschzeit loswerfen kann. Nachdem man die Haftungs-Waiver unterschrieben hat, bekommt man von einem der Axtperten eine Einführung und Hilfestellungen dazu, wie man das Ziel am besten trifft. Die Person ist in der Regel während der gesamten Zeit anwesend, sodass man sich komplett auf das Vergnügen konzentrieren kann, ohne dass die Sicherheit aus den Augen verloren wird.

TIPP

Neben Axtwerfen werden auch Nerf-Waffen-Spiele und andere Gesellschaftsspiele angeboten.

Buchbar ist das Erlebnis übrigens schon für Kinder ab 8 Jahren. Und falls die Kleinen die echte Axt noch nicht halten oder werfen können, bekommen sie eine Schaumstoff-Version, mit der sie kompetitiv gegen die Erwachsenen antreten können. Gemischt aus den Prinzipien von Dart und Bowling geht es dann der Reihe nach ran ans Werfen. Dabei kommt es nicht nur auf Stärke an, sondern auf Zielfähigkeit und Taktik. Nach ein bis zwei Würfen hat man das für sich raus, und dann will man vor allem seine eigene Leistung überbieten. Nach mehreren Runden voller Wurfspaß, wird auf Basis der erzielten Punkte ein Gewinner gekürt.

Wer nach all diesen Anstrengungen hungrig ist, kann beim Restaurantpartner Table 87 Steinofen-Pizzen bestellen und seine Erfolge feiern. Dazu gibt es noch die Möglichkeit, das Erlebnis mit einem Foto festzuhalten, für das ganz stilecht Flanellhemden, falsche Bärte und Tattoo-Ärmel bereitgestellt werden.

- Kick Axe, 622 Degraw Street, Brooklyn, NY 11217, Tel. +1 (8 33) 5 42 52 93 kickaxe.com/brooklyn
- ÖPNV: Metro R, Haltestelle Union Street; Metro 2, 3, 4, 5, B, D, N, Q, R, Haltestelle Atlantic Avenue/Barclays Center

Herrliche Aussicht am Hudson

38 Pause im Pier i Café

Direkt unterhalb des Eingangs zum Riverside Park – einer bislang von Touristen noch nicht zu überlaufenen Grünfläche – befindet sich einer der schönsten Orte am Hudson River. Zwischen Mai und Oktober kann man hier ganz entspannt den fantastischen Ausblick über den Fluss am Pier i Café genießen und eine verdiente Pause machen.

Schön an dem Café ist vor allem, dass es so herrlich unprätentiös ist. Obwohl es zum Fahrrad- und Fußgängerweg hin eine mit Blumen bewachsene Begrenzung gibt (vor allem aufgrund der Gesetze zum Alkoholkonsum in der Öffentlichkeit), kann man sich seinen Tisch frei wählen und muss nicht auf eine Zuweisung durch das Restaurantpersonal warten. Platz ist genügend da, auch für Familien, größere Gruppen und Kinderwagen. Seine Getränke und Essen bekommt man nicht von Kellnern, sondern von der Café-Theke, was manche eventuell zunächst stört. Wer steht schon gerne an? Die Schlange bewegt sich aber in der Regel sehr schnell voran, und bis zur Essensausgabe vergeht ebenfalls wenig Zeit. Viel Zeit hat man dafür am Tisch, von dem man eben nicht durch das scheinbar subtile Bringen der Rechnung vertrieben wird.

TIPP

Es stört niemanden, wenn man sich, ohne etwas zu kaufen, einen Platz sucht.

Im Gegenteil kann man es sich hier ganz problemlos mehrere Stunden lang gemütlich machen und den Anblick des Flusses und der Stadt genießen. Zum Flair trägt auch das Kommen und Gehen von Spaziergängern, Fahrradfahrern und anderen Gästen bei, deren Unterhaltungen man immer wieder hier und da ausschnittartig mithört. Den Menschenbeobachtern dieser Welt wird das eine wahre Freude bereiten. Spektakulär ist der direkte Blick auf den Sonnenuntergang, den man vom Café aus hat. Das gegenüberliegende Ufer New Jerseys ist an dieser Stelle noch nicht mit Hochhäusern verbaut, sodass man dem Lauf der Sonne folgen kann, bis die Ostseite der Stadt schon fast in nächtlicher Dunkelheit versinkt. Sobald die Sonne verschwunden ist, rundet die gemütliche Cafébeleuchtung den relaxten Abend am Fluss ab. Jetzt fehlt nur noch ein Glas der hausgemachten Sangria, und das Glück ist perfekt.

● Pier i Café, West 68th Street & Riverside Boulevard, New York, NY 10023, Tel. +1 (2 12) 8 61 49 76, piericafe.com
● ÖPNV: Metro 1, 2, 3, Haltestelle 72nd Street

Schnickschnack & Klimbim

39 Flohmarkt-Shoppen bei Brooklyn Flea

Die Gretchenfrage eines jeden Shoppingbummels ist ganz klar: Brauche ich das? Also, brauche ich das wirklich? Wahrscheinlich ist die Antwort auf diese Frage häufiger Nein als Ja, und doch möchte man all diese Rationalität manchmal einfach über Bord werfen. Es ist doch völlig okay, sich auch mal vom Schnickschnack begeistern zu lassen und für Klimbim zu schwärmen. Genau dieses Gefühl hat man auf dem Brooklyn Flea, einem wöchentlich stattfindenden Flohmarkt, der einen dazu verführt, sich nicht den funktionalen, sondern den schönen Dingen des Lebens zu widmen.

Da gibt es zum Beispiel einen Stand, an dem selbst gemachte Bastkörbe und Bastmöbel verkauft werden. Statt Einheitsbrei werden die Körbe in allen Farben des Regenbogens hergestellt und vermitteln absolute Lebensfreude. Daneben ein Stand mit Vintage-Kleidung, selbst bedruckten Sprüche-Jutetaschen und einem Wühltisch voller Secondhand-Krawatten, der schon optisch Spaß macht und nur noch besser wird, wenn man sich durch den Haufen gräbt.

Gegenüber gibt es einen Stand mit allerlei künstlerischen Metallobjekten und Emailleschildern. Die Verkäufer schweißen selbst und nehmen auch Auftragsarbeiten für Metallschriftzüge an. Vielleicht findet man ja hier das nächste ganz individuelle Weihnachts- oder Geburtstagsgeschenk für einen Freund oder ein Familienmitglied.

Genau das verbindet die meisten Stände; sie werden von lokalen Künstlern und Verkäufern betrieben, die ihre Ware mit viel Liebe und Herzblut herstellen. Man wird hier also keine Massenprodukte finden, sondern großartige Einzelstücke, die eine ganz besondere Erinnerung an den New-York-Besuch ermöglichen. Diese Reise-Glückseligkeit, wenn man sich die neue Ledertasche mit handverzierten Ornamenten über die Schulter wirft. Oder der kosmopolitische Hipster-Vibe, den man mit seiner neuen Musterkrawatte versprüht. Manchmal ist die Bedeutung von Schnickschnack eben genau das, was man mit Geld nicht kaufen kann; das einzigartige New-York-Gefühl.

TIPP

Es gibt vor Ort Geldautomaten, und manche Stände akzeptieren Kreditkarten.

● Brooklyn Flea, 80 Pearl Street, Brooklyn, NY 11201
brooklynflea.com
● ÖPNV: Metro F, Haltestelle York Street

In 100 Metern um die Welt

 40 Amsterdam Avenue von der 80. zur 83. Straße

Wem nach einem Besuch im Museum of Natural History oder nach einem Spaziergang durch den Central Park der Magen knurrt, der muss nicht lange suchen. Entlang der Amsterdam Avenue zwischen der 80. und 83. Straße sind hinter den Fassaden der charmanten Ziegelhäuser originelle Restaurants, Bistros und Cafés mit Geschmäckern aus allen Ecken der Welt.

Für Liebhaber traditionell amerikanischer Speisen ist Fred's an der 83. Straße eine gute Anlaufstelle. Das rustikale Kellerlokal ist halb Bar, halb Restaurant und bietet mit seinen dunklen Holzstühlen einen eher abgesessenen Charme, aber jede Menge Gemütlichkeit. Im gegenüberliegenden Flor de Mayo reist man kulinarisch weiter Richtung Südamerika. Hier kann man unter anderem peruanische und puerto-ricanische Spezialitäten und Cocktails genießen, die alle in sehr üppigen Portionen serviert werden.

TIPP

Ein paar Blocks weiter westlich kann man mit vollem Bauch im River Side Park spazieren gehen.

Sehnt man sich weiter weg, muss man nur 20 Meter laufen. Sei es das französisch inspirierte maman (mit sehr leckeren Kuchen und Gebäckstücken), das Irish Pub The Dead Poet (das Essen kommt in großen Portionen, und die nach Poeten benannten Drinks sollte man unbedingt probieren) oder die japanische Sushi-Bar Momoya (mit dem Sushi à la carte kann man sich durch das komplette leckere Angebot testen). Zwei Blocks weiter nördlich gibt es bei El Gallo Taqueria köstliche Tacos und etwas weiter südlich an der 80. Straße indische Spezialitäten bei Saravanaa Bhavan.

Als Nachtisch gönnt man sich am besten einen der schmackhaften Kuchen im komplett veganen Peacefood Café. Besonders die Kokos- oder Schokotorte sind empfehlenswert. Aber Achtung, die Kuchenstücke sind mächtig und reichen locker für zwei Personen. Für ein etwas leichteres Dessert empfiehlt sich Amorino, ein Eis-Laden, in dem jede Waffel zu einem Blumenkunstwerk wird. Das Beste daran ist, dass man für den Fixpreis mehrere Sorten wählen kann. Nichts erfrischt im Sommer so wie Amorinos Limette-Basilikum-Sorbet.

● Amsterdam Avenue, zwischen der 80. und 83. Straße, New York, NY 10024
● ÖPNV: Metro 1, Haltestelle 79th Street;
Metro B, C, Haltestelle 81st Street – Museum of Natural History

Gar nicht allein in New York

41 Vorweihnachtszeit mit dem Rockefeller-Baum

Während es viele Highlights in New York gibt, die man ganzjährig entdecken kann, gehört es auch zur Stadt, dass manche Attraktionen nur saisonal zu sehen sind. Einer der Höhepunkte jedes Besuchs zwischen Thanksgiving und Neujahr ist der Rockefeller Tree. Ob man nun mit den Kevin-Filmen aufgewachsen ist oder nicht, der Rockefeller-Baum gehört zu Weihnachten in New York wie lange Schlangen bei Macys. Da das aber nicht nur Touristen, sondern auch New Yorker so sehen, sollte man sich für einen Besuch vor allem Zeit und Geduld mitnehmen. Ja, man wird auf viele Menschen stoßen und sich auch mal auf den Gehwegen drängeln müssen. Wenn man das aber entspannt angeht, stören die vielen Menschen gar nicht, sondern geben eher ein Gefühl von Gemeinschaft. Für einen kurzen Moment ist man vereint im gleichen Vorhaben, im spannungsvollen Vorarbeiten zum Rockefeller Plaza und im Staunen, wenn man die gigantische Tanne mit Tausenden von bunten Lichtern zum ersten Mal sieht. Wen dieser Anblick noch nicht begeistert, der sollte sich ein Beispiel an den Kindern nehmen, die mit ihren Eltern dorthin kommen. Die Augen ganz groß, lassen sie die Lichterflut einfach mal auf sich wirken, vergessen die Kälte und genießen die Aufregung des Moments voll und ganz.

TIPP

Unter der Woche sind wesentlich weniger Menschen unterwegs. Dennoch lieber bei Dunkelheit kommen.

Wenn man das schafft, dann fühlt man sie so langsam in sich aufsteigen, die Weihnachtsstimmung. Dabei hilft auch das Drumherum, denn der Baum ist nicht das einzige Highlight entlang der 5th Avenue. Direkt gegenüber verwandelt sich die Fassade des Kaufhauses Saks on Fifth Avenue in eine zu weihnachtlicher Musik choreografierte Lichtshow. Das ist purer Kitsch, aber der von der richtigen Sorte.

Falls man davon gar nicht genug bekommen kann, sollte man unbedingt weiter Richtung Norden auf der 5th Avenue bis zum Central Park schlendern, denn die aufwendig dekorierten Schaufenster der Markengeschäfte sind eine absolute Augenweide für die ganze Familie. Besonders zu empfehlen sind die Displays von Bergdorf Goodman zwischen der 57. und 58. Straße.

● Rockefeller Tree, 45 Rockefeller Center, New York, NY 10111
● ÖPNV: Metro B, D, F, 47–50th Streets/Rockefeller Center

Picknick über den Dächern

42 Sky Farm LIC

Bei einer Skyline wie der von New York lohnt es sich sehr, einmal die touristischen Gegenden Midtowns zu verlassen, um den Anblick der Stadt aus der Ferne zu genießen. Ein absolutes Rooftop-Highlight in der Stadt ist die Sky Farm LIC. Obwohl man gerade einmal 20 Minuten mit der Bahn vom Times Square entfernt ist, fühlt man sich in diesem fantastischen Dachgarten wie in einer anderen Welt.

Von der Bahnstation in Queens läuft man nur etwa 2 bis 3 Minuten den viel befahrenen Northern Boulevard entlang. Eine handbeschriebene Kreidetafel gibt den Hinweis, dass man an seinem Ziel angelangt ist, und fordert auf, in einen völlig unscheinbaren Gebäudekomplex einzutreten. Die Damen und Herren der Security dort können den zweifelnden Blick der Leute jedoch super interpretieren und lassen einen wissen, dass man am richtigen Ort ist. Von hier fährt man mit dem Fahrstuhl bis zur Dachterrasse. Sobald sich die schweren Metalltüren öffnen, erwartet einen der Anblick von zahlreichen Blumen, Pflanzen und Gräsern. Es ist, als wäre man direkt in ein Feld gebeamt worden, denn die Farm nimmt beinahe die komplette Fläche des 45.000 Quadratmeter großen Dachs ein. Innerhalb der Öffnungszeiten kann man sich hier unbegrenzt aufhalten und entspannen. Die über das Dach verteilten Bänke und Picknicktische laden zum Verweilen und Sonnetanken ein. Man sollte also auf jeden Fall einen Snack und ein bisschen Zeit mitbringen. Frisch geerntetes Obst und Gemüse der Farm sowie Kräuter und Blumen werden zudem an einem Stand zu vertretbaren Preisen verkauft. Hier weiß man also wirklich, wo das Essen herkommt, und kann guten Gewissens zuschlagen.

Besonders faszinierend ist jedoch der Ausblick auf die Stadt, den man von hier hat. Aus dem Grünen blickt man direkt zurück auf das trubelige Midtown, aus dem man gerade kam. Wirklich eine tolle Ansicht. Wer weniger Zeit mitbringt, kann sich auch einfach für einen Yoga-Kurs oder eines der Farm-to-Table-Dinner anmelden und den Ausflug zum Event machen.

TIPP

Unbedingt die Website für besondere Events und Öffnungszeiten checken.

● Sky Farm LIC by Variety Boys and Girls Club of Queens, 37–18 Northern Boulevard, Long Island City, NY 11101, Tel. +1 (7 18) 7 28 09 46, bgcqueens.org/sky-farm-lic
● ÖPNV: Metro R, Haltestelle 36th Street

Wer zuerst malt ...

43 Kunstszene Harlem

Um wirklich gegenwärtige Kunst aus New York zu sehen, sollte man die großen Museen der Museum Mile hinter sich lassen. Stattdessen reicht es, ein paar Sneaker anzuziehen und sich nach (West-)Harlem zu begeben, wo der Puls der New Yorker Künstlerszene schlägt. Am besten sucht man sich gleich mehrere Ausstellungen heraus und macht aus der Reise in den Norden Manhattans einen Kunstausflug.

Zum Beispiel gibt es mehrmals jährlich Open Studio Walks, bei denen man nicht nur die Nachbarschaften besser kennenlernt, sondern einen hautnahen Einblick in die Studios erhält. Hier öffnet zum Beispiel auch der junge New Yorker Künstler Patrick Alston seine Tür und berichtet Interessierten über den Schaffensprozess seiner abstrakten Kunstwerke, die gleichermaßen popkulturelle Einflüsse seines Alltags und politische Aspekte seiner Herkunft und Lebensrealität als Afroamerikaner in den USA verbinden.

TIPP

Künstler aus der Nachbarschaft geben auch interessante Walking Tours, manchmal sogar kostenlos.

Politisch relevant und kontrovers sind auch die Werke vieler anderer Künstler in der Szene. Diese kann man nicht nur beim Studio Walk, sondern auch in zahlreichen Galerien in der Gegend sehen. Wer lieber nur einen festen Anlaufpunkt hätte, sollte unbedingt zur Wallach Art Gallery gehen, die zum Campus der Columbia University in West Harlem gehört.

Ein Galerie-Spaziergang lohnt sich besonders in East Harlem, wo sich gleich mehrere kleine Galerien tummeln. In der 120. Straße befindet sich die Heath Gallery, eine von Künstlern geführte Galerie, die sich auf Werke von Künstlerinnen und Künstlern aus Harlem spezialisiert hat. Sie bietet nicht nur wechselnde Ausstellungen zeitgenössischer Kunst, sondern auch regelmäßige Events, die die lokale Kunstszene fördern. In der Macy Art Gallery werden Werke von Lehrkräften, Studierenden und Kindern aus dem lokalen Kunstbildungsprogramm präsentiert. Das neu gebaute Studio Museum Harlem in der 125. Straße eröffnet bald – ein kultureller Anker der Nachbarschaft, der als bedeutende Plattform für afroamerikanische und afrikanische Diaspora-Kunst dient.

⬤ Heath Gallery, 24 West 120th Street, New York, NY 10027, Tel. +1 (6 46) 8 01 31 72
heathgallerynewyork.com
⬤ ÖPNV: Metro 2, 3, Haltestelle 116th Street

Grünes Straßenkino

44 Spazieren im Highline Park

Es gibt nur wenige grüne Oasen in New York, die gleichzeitig einen so hautnahen Einblick in das Uhrwerk der Stadt ermöglichen, wie die Highline. Der Park wurde auf den Überresten einer ehemaligen überirdischen Bahnstrecke angelegt und erstreckt sich von der 14. bis zur 34. Straße. Das ganze Jahr über tummeln sich hier New Yorker und Touristen gleichermaßen und machen ihre Mittagspause, einen Yoga-Kurs oder lassen sich von den wechselnden Ausstellungen inspirieren. Vor einem Besuch sollte man deshalb unbedingt einen Blick in das aktuelle Programm des Parks werfen.

Aber auch wenn es mal keine besonderen Veranstaltungen gibt, hat der Park viel zu bieten. Vor allem von Mai bis Oktober findet man an verschiedenen Knotenpunkten der Highline kleine Händler, die einzigartige Andenken verkaufen oder leckere Snacks, die man unterwegs genießen kann. Auch im Highline Shop lohnt es sich vorbeizuschauen, denn ein Teil der Einnahmen geht an den Park selbst zurück.

TIPP

Der Park ist auch für Rollstuhlfahrer und Kinderwagen zugänglich.

Wer sich im Park lieber der Natur widmen möchte, hat dazu auch vielerlei Möglichkeiten. Es gibt nicht nur Informationen zur Vegetation, sondern eine wirklich abwechslungsreiche Bepflanzung mit vielen Möglichkeiten, sich hinzusetzen oder -legen, die saisonalen Blumen, Kräuter und Sträucher zu bewundern und sich eine Extraladung Sauerstoff zu holen. Das kann man dann zur wärmeren Jahreszeit auch fantastisch mit einem ausgedehnten Sonnenbad auf einer der vielen Holzliegen mit Blick auf den Hudson River verbinden. Besonders schön ist das am Abend, wenn die Sonne in dieser Richtung untergeht.

Übrigens hat der Park auch für Liebhaber des urbanen Dschungels viel zu bieten. Kleine Aussichtspunkte geben immer wieder Einblick in die Adern der Stadt. Besonders beliebt ist das Straßenkino, ein auf die 10th Avenue ausgerichtetes Amphitheater, von dem aus man dem Treiben unten auf der Straße entspannt folgen kann, bevor man sich selbst wieder dorthin begibt.

....

● Highline Park, 14th Street & 10th Avenue, New York, NY 10014
thehighline.org/visit
● ÖPNV: Metro A, C, E, L, Haltestelle 14th Street

Gutes-Gewissen-Genießen

45 Le Botaniste

Wer Lust hat zwischen Burgern, Pommes und Hot Dogs während seines Aufenthalts auch etwas ausgeglichener zu schlemmen oder einfach gerne mal auf Fleisch verzichtet, muss in New York nicht lange suchen. Das Image vom „langweiligen Gemüse" haben die meisten vegetarischen und veganen Restaurants mithilfe kreativ, und sorgfältig zusammengestellter Menüs längst hinter sich gelassen. So auch das vegane Restaurant Le Botaniste.

Das Restaurant mit belgischen Wurzeln nimmt es sich nicht nur zum Ziel seine Gäste satt zu machen, sondern auch gesünder. Alle Speisen werden mit frischen Bio-Zutaten hergestellt und mit Blick auf reichhaltige Nährstoffe zu Bowls, Suppen oder Dips verarbeitet. Für die Gäste sichtbar werden die regenbogenfarbenen Zutaten und frisch brodelnden Eintöpfe auf der Marmortheke präsentiert und angerichtet. In der Luft hängt der Geruch von Curry und Gewürzen, während man im gemütlichen Ambiente auf sein Essen wartet. Im Sommer geht das auch im Außenbereich entlang des Straßengewusels. Das Menü ist vergleichsweise klein, bietet aber dennoch genug Auswahl für jede Jahreszeit. Für kalte Tage ist das scharfe, fleischlose Chili ein wirklicher Renner und wärmt von innen. Wer es lieber etwas leichter mag, der bekommt mit dem Botanical Salad eine farbenfrohe Vitaminbombe. Zum Teilen gibt es einen Mezze Teller mit verschiedenen Dips, die frisch vor Ort zubereitet werden. Darunter befinden sich zum Beispiel Rote Beete Caviar, Kokos Ceviche oder Seegras-Tartar, die alle einen Versuch wert sind. Begleitet wird das spannende Genusserlebnis am besten mit einem der biologisch hergestellten Weine aus der ganzen Welt oder einer der selbst gemachten Limonaden und nicht zuletzt dem Wissen für sich und die Umwelt etwas Gutes getan zu haben. Denn das Restaurant baut nicht nur auf ökologische Zutaten, es arbeitet auch emissionsneutral und nachhaltig bei vergleichsweise vernünftigen Preisen. Dieses Engagement ohne Kompromisse für Geschmack macht das Restaurant zu einem Geheimtipp.

TIPP
Viele Speisen sind für Gluten-Allergiker geeignet oder werden gern angepasst.

● Le Botaniste, 833 Lexington Avenue, New York, NY 10065
lebotaniste.us
● ÖPNV: Metro F, Q, Haltestelle Lexington Avenue/63rd Street

Die freche Denkerin

46 Das „Mona Lisa of Williamsburg"-Mural

Wer mit offenen Augen durch New York geht, kann an jeder Ecke Streetart finden. Egal ob auf dem Gehweg, an den Häusermauern oder als Dekoration für Gitterrollos, New York strotzt nur vor ikonischen Graffitis. Streetart ist hier nicht nur eine Form des künstlerischen Ausdrucks, sondern oftmals als politisches Statement oder Imageträger für Marken zu sehen. Für Interessierte gibt es deshalb in der ganzen Stadt Führungen, die sich ausschließlich damit beschäftigen.

Kaum ein Graffiti aber ist so bekannt und ikonisch wie das „Mona Lisa of Williamsburg"-Mural, eine Wandbemalung, die sich über der kompletten Front eines vierstöckigen Wohnhauses entfaltet. Da das Haus mit der Mona Lisa an einer Kreuzung steht, aus der sich zwei Straßen v-förmig öffnen, ist das Bild auch aus größerer Entfernung gut sichtbar. Sobald man es sieht, wird man von dem Kunstwerk unweigerlich in seinen Bann gezogen. Ein Vorbeigehen ist schlichtweg nicht möglich.

TIPP

Entlang der Bedford Avenue und in den Seitenstraßen gibt es weitere eindrucksvolle Streetart.

In Filmen und Serien hat das Mural die Brooklyn Bridge als Symbol für den Übergang in den Bezirk abgelöst. Brooklyn ist schon längst kein Schritt nach unten mehr, wie es noch bei *Sex and the City* war. Es ist jung, komplex und gleichzeitig auffällig und zurückhaltend wie dieses Mural. Möglicherweise fühlt man sich gerade deshalb so, als wäre man selbst ein Filmcharakter, wenn man persönlich davorsteht. Vielleicht wirkte das alles bis hierhin nicht real. Aber jetzt ist man in dieser Stadt, die man nur vom Hörensagen kannte, und steht vor dem Bild, das man schon so oft gesehen hat. Das ist ein Moment, den man erinnern möchte und der für die Freunde und Familie zu Hause nie denselben Wert haben wird. Es ist ein persönlicher Moment, dessen Details wahrscheinlich irgendwann verblassen, aber das Gefühl dazu bleibt.

⬤ Mona Lisa of Williamsburg, George B. Post Plaza, 400 Bedford Avenue, Brooklyn, NY 11249

⬤ ÖPNV: Metro J, M, Haltestelle Marcy Avenue

Vom Kaffee bekehrt

 47 Bluestone Lane Café

New York gilt als Stadt, die niemals schläft. Kein Wunder also, dass Kaffee das Elixier ist, das diese Metropole am Leben hält. Zeugnis dafür sind nicht nur eine überwältigende Anzahl von internationalen Kaffeehaus-Ketten, die ihre Zelte scheinbar an jedem Block aufgeschlagen haben, sondern auch die florierende lokale Kaffee-Kultur. Viele hippe Start-ups rösten direkt in Red Hook und versorgen die Stadt mit einer niemals endenden Menge des braunen Goldes.

Obwohl es bestimmt auch ein paar Menschen in New York gibt, die keinen Kaffee trinken, ist die Entscheidung über den Konsum weniger ganz oder gar nicht, sondern eher to go oder im Café. Die Thermotasse oder -flasche gehören für New Yorker auf jeden Fall zum Lifestyle-Objekt. Wer sich gegen das flüchtige Energie-Betanken und für ein ganzheitlicheres Kaffee-Erlebnis entscheidet, sollte im Bluestone Lane Café an der Upper East Side vorbeischauen.

TIPP

Am Wochenende ist es überfüllt. Lieber unter der Woche gehen und Ruhe genießen.

Dieser süße Laden serviert nicht nur intensive Kaffees, sondern auch ein einmaliges Genusserlebnis. Inmitten der Museum Mile entlang der 5th Avenue ist das Café in dem Seitenbau einer alten Kirche gebaut worden. Durch einen Bogengang betritt man den kleinen Innenraum, in dem in die Nischen der schweren Steinwölbungen moderne Holzbänke eingelassen wurden.

Indirektes Licht sorgt nicht nur für eine gemütliche Atmosphäre, sondern betont die tolle Architektur des Raums. Als Kontrast dienen die mit kleinen Marmorfliesen verziegelte Bar und farblich darauf abgestimmte türkise Metallstühle.

Das Zusammentreffen von Alt und Neu ist kein Widerspruch, sondern verleiht dem Café ein hippes Flair, das sich an warmen Tagen auch nach draußen auf den Bürgersteig fortsetzt. So andächtig und elegant in Szene gesetzt, im Hintergrund das Kirchengewölbe, gegenüber der Central Park und vor einem ein liebevoll zubereiteter Kaffee mit Schaumdekoration, schmeckt der Pausenmoment noch viel besser als gedacht.

● Bluestone Lane Café Upper East Side, 1085 5th Avenue, New York, NY 10128,
Tel. +1 (7 18) 3 74 68 58, bluestonelane.com
● ÖPNV: Metro 4, 5, Haltestelle 86th Street

Ruhe finden im Klostergarten

48

Im Innenhof der Met Cloisters

Das Letzte, was man bei einem Besuch in New York erwartet, ist mittelalterliche Architektur. Zugegebenermaßen sind entsprechende Nachbauten immer sehr schnell als solche erkennbar und wirken fehl am Platz. Ganz anders ist das jedoch bei den Cloisters im Fort Tyron Park. Das zum Met gehörige Klostermuseum liegt inmitten des großflächigen Parks im Nordwesten Manhattans. Ganz oben auf dem Hügel im Park angekommen, könnte man wirklich denken, dass man in Europa ist. Hier zeigt sich wieder einmal, wie viele Gesichter New York hat.

Dass dieser Eindruck entsteht, liegt aber auch an der eindrucksvollen Entstehungsgeschichte des Bauwerks, das tatsächlich Bestandteile einiger mittelalterlicher Bauten aus Europa enthält. Passend dazu werden hier vor allem mittelalterliche Artefakte zur Schau gestellt. Aber nicht nur für die Kunst lohnt sich der Ausflug nach Inwood. Ein besonderes Highlight ist der vom Kreuzgang eingefasste Klostergarten, der zum Entspannen und Verweilen einlädt.

TIPP

Das Eintrittsticket für die Cloister ist am gleichen Tag auch für das Met-Museum gültig und vice versa.

Im Gegensatz zu vielen Orten, an denen man ein einschüchterndes „Nicht Anfassen"-Gefühl vermittelt bekommt, wird man hier dazu verführt, sich auf die sonnigen Klostermauern zu setzen. So eingebettet in die Rundbögen der alten Gewölbe, fühlt man sich direkt wie im Urlaub. Am besten hat man hier ein Buch zur Hand und nimmt sich Zeit zum Lesen oder hört dem Audioguide zu, während die Augen auf den Gräsern, Kräutern und Blumen verweilen.

Obwohl es in der Regel mehrere Besucher an diesen Erholungsort verschlägt, hat man nicht das Gefühl, der Garten wäre überlaufen. Es sind eher ein beruhigend unaufgeregtes Kommen und Gehen, ein Pausemachen hier und Sonnetanken da, daneben die obligatorischen Selfiemacher und mittendrin man selbst. All das kann man aber ganz einfach ausblenden, sodass nur noch das sanfte und beständige Plätschern des Brunnens im Zentrum des Gartens übrig bleibt.

● The Met Cloisters, 99 Margaret Corbin Drive, New York, NY 10040,
Tel. +1 (2 12) 9 23 37 00, metmuseum.org
● ÖPNV: Metro A, Haltestelle Dyckman Street

Ein Hauch Italiens

49 Little Italy in der Bronx

Sobald einem der Duft von frisch gebackenem Brot in die Nase steigt und man die bunt verzierten Keksvarietäten hinter den Glasvitrinen sieht, fühlt man sich wie ein Kind im Schlaraffenland. Für welche der vielen Leckereien aus der Traditionsbäckerei Madonia soll man sich nur entscheiden? Egal ob es am Ende einer (oder mehrere) der variantenreichen Biscotti, ein noch dampfendes Zimt-Rosinen-Brötchen oder eine frisch befüllte Cannoli – eine süße Teigrolle mit Ricotta-Creme-Füllung – wird, falsch liegt man mit seiner Wahl nie.

Aber das seit nun über 100 Jahren existierende Geschäft ist nur eins von vielen, die sich entlang der Arthur Avenue zwischen der East Fordham Road und Crescent Avenue in der Bronx angesiedelt haben und die Nachbarschaft zum wahren Little Italy New Yorks machen.

TIPP

Unbedingt hungrig kommen und die Gänge auf mehrere Lokale aufteilen, um viel probieren zu können.

Während in der Mulberry Street die letzten Händler noch den kleinen Rest des italienischen Viertels für Touristen aufrechtzuerhalten versuchen, finden sich in der Bronx florierende authentische Trattorias, Fleisch- und Fischgeschäfte sowie Cafés und Weinbars.

Hierunter mischen sich, typisch für New York, immer auch andere Nationalitäten, und so kann man zum Beispiel im entspannten Luna Café gleichermaßen italienische und albanische Spezialitäten bestellen und sie an der belebten Hauptkreuzung im Außenbereich genießen, während man das Treiben in den umliegenden Geschäften beobachtet.

Wer dann gut gesättigt auf der Suche nach Delikatessen für die nächste Mahlzeit ist, kann im Arthur Avenue Retail Market schlendern gehen. Gut gereifte Salami, zahlreiche Sorten Käse, bunte Gebäcke, frische Pasta oder aromatischen Kaffee, man findet alles, was das Herz begehrt. Und dazu bekommt man kostenlos Urlaubsgefühle, denn mit dem Betreten der Markthalle ist man nicht länger nur in New York, sondern auch auf einer Piazza in Italien. In der gesamten Nachbarschaft zeigt sich diese Stärke New Yorks, Kulturen zu verbinden und aus einer solchen Verbindung etwas Einzigartiges und Neues zu schaffen.

● Bronx Little Italy, East 187th Street & Arthur Avenue, The Bronx, NY 10458
bronxlittleitaly.com
● ÖPNV: Metro B, D, Haltestelle Fordham Road;
Bus Bx15, Haltestelle 3 Avenue/Washington Avenue

Mal sich selbst beschenken

Mitbringsel aus dem MoMA-Museumsshop

Entweder wurde es in Auftrag gegeben, oder man sucht aus sich heraus: Andenken, Souvenirs und Mitbringsel gehören zu jeder Reise dazu. Wer keine Lust auf staubige Freiheitsstatue-Figürchen, in Großbuchstaben beschriebene Einheitsbrei-Shirts oder klappernde Plastikschlüsselanhänger hat, wird entweder in vielen kleineren Geschäften lokaler Künstler fündig oder sollte sich in den Shops der Museen umschauen. Seien es extravagante und dementsprechend teure, aber sehr sehenswerte Einzelstücke in der Neuen Galerie oder Naturexperimente aus dem Museum for Natural History; je nach Interessenlage lässt sich alles finden.

Einen der schönsten Museumsshops für eine breite und doch einzigartige Auswahl hat das Museum of Modern Art. Nicht nur die Ausstellung des MoMA sollte zum Muss-Programm bei einem Besuch in New York gehören. Es lohnt sich auf jeden Fall hier mindestens eine weitere Stunde einzuplanen, um durch die Reihen schöner, kurioser und lustiger Erinnerungsstücke zu schlendern. Klar, da gibt's auch die Standard-Museums-Gegenstände und Stehrum-Klimbim. Aber dann gibt es auch die verschiedenen Designstilen nachempfundenen Alltagsobjekte, die einen in den Bann ziehen. Wird diese Lampe der neue Akzent im Wohnzimmer? Brauche ich diese abgefahrene Obstschüssel nicht doch? Habe ich überhaupt einen Tisch, auf den ich diese Decke legen könnte?

Links und rechts sieht man andere Kunden, aus deren Gesichtern man den gleichen Gedankenprozess ablesen kann. Da entsteht dann schon mal ein gewisses Maß an Situationskomik. Man lacht und geht weiter, obwohl die Tischdecke einem nicht mehr aus dem Kopf gehen will und man womöglich noch zweimal daran vorbeiläuft. Vielleicht nimmt man von hier nicht 20 Stücke mit, aber man findet ganz sicher etwas, klein oder groß, das einen nicht mehr loslässt und anhand dessen man sich auch zurück im Alltag mit einem Lächeln an seine New-York-Reise zurückerinnert.

TIPP

Vormittags in der Woche ist der Shop nicht überfüllt, und man hat Ruhe und Raum zum Entdecken.

● Museum of Modern Art, 11 West 53rd Street, New York, NY 10019
moma.org
● ÖPNV: Metro E, Haltestelle 5th Avenue/53th Street

Eine andere Ära

51 Viktorianische Häuser in Flatbush

Klar, in Europa findet man jederorts prachtvolle Bauten, die von vergangenen Zeiten berichten und zum Teil mehrere Hundert Jahre alt sind. Dagegen sind die wesentlich jüngeren klassischen Bauwerke New Yorks oftmals kein Vergleich. Wenn man sich aber in das Herz Flatbushs begibt, entdeckt man Häuser, die man so sicher noch nirgendwo gesehen hat. Sobald man den florierenden und trubeligen Hauptstraßen der Beverly Road oder Cortelyou Road den Rücken kehrt, fühlt man sich eher wie in einer Vorstadt als mitten in Brooklyn. Links und rechts thronen in den von Bäumen gesäumten Seitenstraßen riesige viktorianische Häuser, die entgegen der ersten Vermutung in der Regel als Wohnhäuser von einer Familie genutzt werden.

Ein Spaziergang durch diese idyllischen Straßen lässt einen aus dem Staunen nicht mehr herauskommen, denn kein Haus gleicht hier dem anderen. Auf der einen Seite ein Haus mit vier Etagen, verwinkelten Erkern und kleinen Türmchen, das mit seinen detaillierten Verzierungen und verschiedenen Farben an die Villa Kunterbunt erinnert.

TIPP

Nach der Tour unbedingt auf der Cortelyou Road bummeln und in einem der süßen Cafés Pause machen.

Auf der anderen Seite ein etwas gradlinigeres Haus in Dunkelblau, das mit seinen imposanten Säulenkonstruktionen den Eindruck erweckt, man stehe vor der Residenz des Präsidenten.

Während man noch begeistert über die Kreativität der Architekten staunt, entspinnen sich im Kopf schon Geschichten über die Menschen, die hinter diesen Wänden gelebt haben und es heute noch tun. Nicht umsonst ist die Nachbarschaft beliebt für Filmdrehs, denn wenn man sich statt der modernen Autos Oldtimer herdenkt, ist man schnell um 100 Jahre zurückversetzt.

Wer Glück hat, und zur richtigen Zeit in New York ist, kann seinen Spaziergang sogar zu einer richtigen Tour machen. Mehrmals im Jahr öffnen die Anwohner ihre Türen für Neugierige und erlauben einen Blick in ihre Privatwohnungen. Aber auch wenn das nicht klappt, lohnt sich das entspannte Schlendern durch die Nachbarschaft.

● Flatbush Mansions, 242 Rugby Road, Brooklyn, NY 11226
fdconline.org/news-events
● ÖPNV: Metro Q, Haltestelle Beverly Road

Wer flüstert, der liebt

52 Whispering Spot an der Grand Central Station

Wahrscheinlich kommen die meisten Besucher New Yorks nur unter-irdisch durch die Grand Central Station. Es ist jedoch jedem absolut ans Herz zu legen, hier einmal auszusteigen und etwas herumzuschlen-dern. Sei es die ikonische Uhr in der großen Halle oder die überwälti-gende Deckenbemalung der Sternenkonfiguration, es gibt wirklich ei-nige Highlights. Eine Etage tiefer, auf der Ebene der Restaurants und Geschäfte, befindet sich ein weiterer sehenswerter Ort. Obwohl er in-zwischen kein Insider-Tipp mehr ist, hat er an Charme und Einzigar-tigkeit nicht eingebüßt. Bereits sobald man sich der Oyster Bar – einer New Yorker Einrichtung, die sehr zu empfehlen ist – nähert, sieht man in den Ecken der sich davor erhebenden Deckenwölbungen Menschen mit dem Gesicht zur Wand stehen. Wer noch nie vom Whispering Spot gehört hat, fragt sich spätestens hier, was diese Menschen da wohl machen. Muss der Junge zur Strafe dort stehen? Warum aber kichert er dann vor sich hin?

TIPP

Im Anschluss in der Oyster Bar essen. Auch für Austern-Skeptiker ein Erlebnis.

Die Antwort liegt tief im Gemäuer des Bahnhofs verborgen. An dieser besagten Stelle nämlich ist die Wölbung der Steindecke so konstruiert, dass man mit etwas Konzentration und Geduld an der einen Seite hören kann, was eine andere Person an der diagonal gegenüberliegenden Seite in das Gemäuer flüstert. Und so beobachtet man, während man geduldig seine Möglichkeit abwartet, andere bei ihren Lippenbekenntnissen. Aus den Reaktionen des Ge-genübers versucht man zu lesen, ob es sich um eine belustigende Anek-dote oder eine leidenschaftliche Gefühlsbekundung handelte. Es kommt nicht selten vor, dass man hier Zeuge eines Heiratsantrags oder eines Liebesbekenntnisses ist.

Während sich all dies vor den Augen abspielt und man so über das rätselt, was andere sagen, überlegt man auch, was man selbst der Wand anvertrauen möchte und ob das Phänomen denn eigentlich wirklich funktioniert. Die Magie dieses Moments kann man erst greifen, wenn man selbst mit dem Gesicht zur Wand, ein bisschen verlegen, losflüstert: „Ich liebe dich, New York."

⬤ Whispering Spot neben der Oyster Bar, 89 East 42nd Street, New York, NY 10017
⬤ ÖPNV: Metro 4, 5, 6, 7, S, Haltestelle 42nd Street – Grand Central Station

To the streets

53 Summer Streets und andere Straßenfeste

Egal zu welcher Jahreszeit man in New York ist, es gibt fast immer Straßenfeste oder Paraden. Ein besonderes Highlight im Sommer sind die Summer Streets, bei denen an mehreren Samstagen Hauptstraßen für den Autoverkehr gesperrt und den Fußgängern und Fahrradfahrern überlassen werden. In Manhattan kann man rund um die 109. Straße und Park Avenue starten und bis zur Brooklyn Bridge flanieren, ohne von Autolärm gestört zu werden. Entlang der Strecke gibt es zahlreiche Aktivitäten für die ganze Familie, von Fitnesskursen und Kunstinstallationen bis hin zu interaktiven Workshops und Food-Ständen.

Doch die Summer Streets sind nur ein Beispiel für die vielen Events, die die multikulturelle Vielfalt New Yorks widerspiegeln. Ein Blick auf den Festkalender zeigt, wie lebendig die Stadt ist: Das chinesische Neujahrsfest verwandelt die Mott Street in ein farbenfrohes Spektakel aus Drachentänzen und Laternen. Beim indischen Lichterfest Diwali erleuchtet ein Feuerwerk den Himmel, während traditionelle Tänze für eine mitreißende Atmosphäre sorgen. Und wer Kwanzaa erleben möchte, kann zahlreiche Events besuchen, die die afrikanische Kultur und Gemeinschaft in den Mittelpunkt stellen.

TIPP

Vor dem NYC-Besuch bei Seiten wie manhattan buzz.nyc oder anderen auf den Kalender schauen.

Auch die irischen Wurzeln der Stadt sind nicht zu übersehen. Am St. Patrick's Day wird die Fifth Avenue von einer riesigen Parade beherrscht und in Pubs und Restaurants wird ausgelassen gefeiert. Ebenso eindrucksvoll ist die Puerto Rican Day Parade, die mit ihren farbenfrohen Festwagen und Musikgruppen karibisches Flair in die Stadt bringt. Für alle, die es etwas ausgefallener mögen, bietet die SantaCon ein ungewöhnliches Spektakel, wenn Tausende verkleidete Weihnachtsmänner durch die Straßen ziehen.

Neben kulturellen Festen gibt es auch zahlreiche Straßenfeste mit aktivistischem Charakter. Die Pride Parade ist eine der größten der Welt und während der UN-Generalversammlung im September werden die Straßen oft zu Bühnen für Demonstrationen und Aktionen rund um globale Nachhaltigkeitsthemen.

● Summer Streets, 1499 Park Avenue, New York, NY 10029
nyc.gov/html/dot/html/pedestrians/summerstreets.shtml
● ÖPNV: Metro 6, Haltestelle 110 Street

Dachterrasse unter dem Radar

Der Rooftop des Pod 39

Da New York und ganz besonders Midtown immer weiter in die Höhe wächst, ist es nicht überraschend, dass es hier eine sehr lebendige Rooftop-Auswahl gibt. Schicke Restaurants, trendige Bars, hippe Clubs, sie alle versuchen, mit einem manchmal mehr, manchmal weniger fantastischen Ausblick Gäste anzulocken. Einer der größten Touristenmagneten ist zum Beispiel die Bar 230 Fifth, die sicherlich schön ist, aber eben auch überlaufen und daher etwas weniger bemüht, Gäste glücklich zu machen.

Daher freut man sich immer, wenn eine neue Location eröffnet oder man schlichtweg ein bestehendes Lokal für sich entdeckt, das zu den beeindruckenden Stadtansichten auch ein bisschen Flair und Charme hat. Genau so ein Ort ist die Dachterrasse des Pod 39 Hotels ganz in der Nähe der Central Station. Diese öffnet ihre Türen auch für Personen, die nicht Gäste des Hotels sind, sofern die Maximalkapazität des Dachs nicht erreicht ist. Bis auf sehr wenige Ausnahmen kann man zumindest unter der Woche hier immer einen Platz finden.

TIPP

Wer Lust auf verschiedene Rooftop-Ausblicke hat, kann die 230 Fifth oder Jimmy Soho ansteuern.

Erst mal auf dem Dach des historischen Gebäudes angekommen, fühlt man sich fast wie in einem toskanischen Garten. Der rot verziegelte Außenbereich gleicht einem Haus, dessen Dach für das perfekte Unter-dem-Sternenhimmel-Gefühl entfernt wurde. Nach außen hin begrenzen glaslose Fensterbögen und steinerne Säulen den Bereich, warme Lichterketten sorgen für romantische Beleuchtung und die schönen Mosaiktische runden die Atmosphäre ab. Von hier oben sieht man nicht nur in die gegenüberliegenden Häuser – ja, ein gewisses Maß an Voyeurismus gehört zum Rooftop-Erlebnis dazu –, sondern auch in die viel befahrenen Schluchten, einerseits der 39. Straße und durch den Häuserwald bis nach Downtown. Sogar ein paar der Times-Square-Hochhäuser blitzen durch die Dächer. Man ist also mittendrin und doch weit genug entfernt, um das Szenario bei einem leckeren Cocktail oder Wein einfach einzufangen.

● Pod 39, 145 East 39th Street, New York, NY 10016, Tel. +1 (2 12) 8 65 57 00
thepodhotel.com
● ÖPNV: Metro 4, 5, 6, 7, S, Haltestelle Grand Central – 42nd Street

Music Is Life

55 Der Plattenladen Rough Trade

Schon seit mehreren Jahren sind Schallplatten nicht länger nur im Inventar von Musikprofis, Nostalgikern oder Sammlern ein Muss. Im Gegenteil, viele Künstler vertreiben ihre Musik gleichermaßen über digitale und traditionelle Kanäle, sodass Liebhaber des warmen Vinyl-Sounds in jeder Altersgruppe und Demografie zu finden sind. Diese Liebe zur Schallplatte wird im Rough Trade zelebriert und schamlos ausgelebt.

Der abgehangene Plattenshop (in neuer Location in Midtown) hat nicht nur eine breite Auswahl von Mainstream-Künstlern, sondern auch obskure Nischensounds unabhängiger Label. Hier kann man sich gleichermaßen von Genres, von Künstlern oder von Angeboten inspirieren lassen oder einen der musikbegeisterten Angestellten um Hilfe bitten. Obwohl der Laden zunächst recht klein wirkt, sollte man etwas Zeit mitbringen, denn die vergeht beim Schmökern und In-Erinnerung-Schwelgen wie im Flug.

Wer kennt das nicht? Man sieht ein bestimmtes Album und fühlt sich zurückversetzt in seine Kindheit oder Jugend. Man liest Songtitel und lächelt oder hört ein Lied, dessen Energie einen mitreißt und in emphatische Tanzeskapaden ausbrechen lässt. Man lässt sich tragen von einer Melodie, die eine Aus-dem-Zug-in-die-vorbeiziehende-Landschaft-schauen-Stimmung verbreitet oder an regnerischen Tagen ein Gefühl positiver Melancholie hervorruft.

All das kann Musik, und all das schwingt mit, wenn man in dieser Enklave zwischen den Reihen von Schallplatten herumgeht. Wer Glück hat oder vorausplant, kann eines der Konzerte erleben, die in der Location stattfinden. Oft spielen hier Künstler, die in Europa bereits bekannt sind, aber in den USA noch Fuß fassen. Dementsprechend sind Tickets günstig und die Bühne klein, sodass man nah dran ist an der Band. Rough Trade ist also der perfekte Ort, sich ein einzigartiges musikalisches Andenken an den Aufenthalt in New York zu holen.

TIPP

Die Schwarz-Weiß-Fotobox rundet den Besuch im Plattenladen ab.

● Rough Trade NYC, 1250 6th Avenue, New York, NY 10112, Tel. +1 (2 12) 6 64 11 10
roughtrade.com
● ÖPNV: Metro B, D, F, M, Haltestelle 47–50th Streets – Rockefeller Center

Schlürfen wie die Könige

Austern-Happy-Hour in der Mermaid Oyster Bar

Die von den Studenten der hier angesiedelten New York University belebte Nachbarschaft des Washington Square Parks ist unter anderem dicht besetzt mit kleineren und größeren Cafés, Restaurants, Comedy- und Jazz-Clubs. Mittendrin, umgeben von diesem Flair der individuellen Geschäfte ohne große Ketten, liegt die Mermaid Oyster Bar. Freunde von gut zubereitetem Fisch oder leckeren Meeresfrüchten kommen in dieser unter anderem von Scrubs-Star Zach Braff geführten Location auf ihre Kosten. Mit einer Mischung aus klassischen Gerichten der Küche Neuenglands, wie der New England Clam Chowder oder der Maine Lobster Ceviche, und international inspirierten Comfort-Food-Gerichten, wie Fish and Chips oder Thunfisch-Tatar-Tacos, bietet die Speisekarte eine breite Auswahl. Freundliche und informierte Kellner helfen gerne, wenn man einfach nicht weiß, wofür man sich entscheiden soll.

TIPP

Am Montag ist den ganzen Abend Happy Hour.

Die Spezialisierung des Restaurants liegt aber, wie der Name bereits vermuten lässt, auf Austern. Diese werden, so die Selbstverpflichtung, von möglichst nachhaltigen Zulieferern an der Ost- und Westküste der USA bezogen. Wem Nuancen und Unterschiede der Austern aus den verschiedenen Gewässern nicht klar sind, der kann sich aus der Auswahl an Austern eine Platte selbst zusammenstellen und beim Warten auf sein Essen im Online-Oysterpedia mehr darüber lernen, wie Austern wachsen und geerntet werden. Besonders günstig wird ein Besuch, wenn man unter der Woche zwischen 17 und 19 Uhr vorbeikommt, da es zu diesen Zeiten eine Happy Hour gibt. Am Wochenende verlängert sich die Happy Hour sogar noch um eine Stunde und beginnt um 16 Uhr. Von einem Dollar pro Muschel bis hin zu 9 Dollar für die „mini buttered lobster roll" (ein Hummersandwich) gibt es ungefähr zehn Speisen, die reduziert werden, sodass man ein bisschen experimentierfreudiger beim Probieren sein kann. Zum Nachspülen gibt es zum Beispiel lokale Biere, die während der Happy Hour auch weniger kosten.

● Mermaid Oyster Bar, 89 MacDougal Street, New York, NY 10012, Tel. +1 (2 12) 2 60 01 00, themermaidnyc.com
● ÖPNV: Metro 1, 2, Haltestelle Houston Street; Metro A, B, C, D, E, F, Haltestelle West 4th Street – Washington Square

Innovative Gratwanderung

57 Im Cooper Hewitt Design Museum

Die perfekte Balance aus Alt und Neu, aus Innovation und Tradition; sie ist schwer zu finden. Dennoch schafft das Cooper Hewitt Design Museum genau diese Gratwanderung und gehört damit zu den unterbewerteten Museen der Stadt. Grund dafür, dass das Museum bei Städtereisenden oft untergeht, ist, dass es auf der Museum Mile liegt und damit in direkter Konkurrenz zum Met, zum Guggenheim oder der Neuen Galerie steht.

Ihr Zuhause finden die Designexponate in einem historischen Townhouse direkt an der 5th Avenue. Schon allein für einen Blick in das pompöse und großzügige Gebäude lohnt sich der Weg hierher. Zudem kann man an der Museumskasse vorbei in den inspirierenden Museumsshop gehen oder etwas weiter den Gang entlang im Café einen Snack oder Kaffee holen, den man ganz gemütlich im Museumsgarten genießt. Der Garten ist überraschend großflächig, hat einige Sitzgelegenheiten und ruhige Ecken, in denen man entspannt ein Päuschen machen und die Sonne genießen kann. Die hier gezeigten wandernden Ausstellungen fügen sich in der Regel sehr imposant in die Räumlichkeiten ein, stellen eben jenen Spannungsbogen zwischen der traditionellen Bauweise des Hauses und den zukunftsgewandten Designs her. Meistens behandeln mehrere Ausstellungen ähnliche Themen von verschiedenen Blickwinkeln, sodass man immer das ein oder andere Exponat findet, was einen besonders in den Bann zieht. Die Anzahl der Ausstellungsstücke ist angenehm. Man wird nicht überfordert, sondern hat Zeit, sich dem intensiv zu widmen, woran man interessiert ist. Immer wieder regen die Stücke auch zum Nachdenken über politische und popkulturelle Aspekte an, oder sie bringen einen zum Lachen über die interessanten und manchmal auch absurden Designideen dieser Welt. Besonders bleibt aber das Gefühl hängen, dass nichts undenkbar ist. Vielleicht ist es ein Objekt, das eine völlig neue Funktion erfüllt, oder etwas Alltägliches, das neu gedacht wird. Im Kopf der Designer scheint es keine Limits zu geben.

TIPP

Jeden Samstag kann man von 17 bis 18 Uhr so viel Eintritt bezahlen, wie man möchte.

● Copper Hewitt Design Museum, 2 East 91st Street, New York, NY 10128,
Tel. +1 (2 12) 8 49 84 00, cooperhewitt.org
● ÖPNV: Metro 6, Haltestelle 96th Street; Metro 4, 5, 6, Haltestelle 86th Street

Die Stadt zu Füßen

58 Auf dem One World Observatory

Für welche der drei ikonischen Aussichtspunkte man sich in New York entscheidet, ist natürlich jedem selbst überlassen. Wer aber eine Vorliebe für Spezialeffekte und großes Entertainment hat, sollte sich das One World Observatory nicht entgehen lassen. Weder das Rockefeller Center noch das Empire State Building pfunden so sehr mit dem Wow-Effekt, der mit dem Betreten der Aussichtsplattform einsetzt. Viel mehr darf man an dieser Stelle gar nicht vorwegnehmen, aber so viel sei gesagt: Im Anschluss würde man sich am liebsten noch einmal anstellen.

Von der Fahrstuhlfahrt bis zum Aufenthalt über den Dächern der Stadt, für Groß und Klein ist etwas geboten – Einblicke in die Geschichte New Yorks, Audios und Videoschnitte von Personen, die am Bau des neuen World-Trade-Center-Komplexes beteiligt waren, und interaktive Übersichten, die den Ausblick über die Stadt näher erklären. Es lohnt sich, ein Foto aus allen Fenstern des Observatory zu machen, sodass man zu Hause die 360°-Perspektive nachvollziehen kann.

TIPP

Durch vorher gekaufte Online-tickets kann man das Wetter vor Ort einschätzen und Schlangen vermeiden.

Denn was diese von anderen Aussichtsplattformen unterscheidet, ist das einzigartige Höhenerlebnis. Während die anderen Hochhäuser inmitten ihresgleichen stehen, ragt das One Wold Observatory bis auf wenige Ausnahmen in Lower Manhattan allein in schwindelerregende Höhen. Hierdurch bekommt man nicht nur einen unverstellten Blick auf die Freiheitsstatue und die sich zum Meerdelta vereinigenden Flüsse, sondern man kann beinahe Block für Block das sich immer weiter modernisierende und in die Höhe wachsende Herz der Stadt, Midtown, bewundern.

Leider darf man keine Getränke oder Snacks mitnehmen. Wer aber Hunger hat und bereit ist, etwas höhere Preise in Kauf zu nehmen, kann sich einen Tisch im Hausrestaurant One Dine reservieren und dort essen. Für das kleinere Budget empfehlen sich einige der in der unmittelbaren Nachbarschaft liegenden Lokalitäten, sobald man wieder festen Boden unter den Füßen hat.

....

● One World Trade Center, 285 Fulton Street, New York, NY 10007
wtc.com
● ÖPNV: Metro 2, 3, 4, 5, A, C, J, Z, Haltestelle Fulton Street

Sauer macht lustig

59 Steve's Authentic Key Lime Pie in Red Hook

Die Nachbarschaft Red Hook verbindet den klassischen New Yorker Charme von gepflasterten Straßen und niedrigen Häusern mit faszinierenden Ausblicken und einem breiten Angebot an hippen Bars und individuellen Shops. Viele der hier bestehenden Fabrikhäuser wurden nach dem Sturm Sandy renoviert und für neue Zwecke hergerichtet, sodass neben Weinhallen, Kaffeeröstereien und noch aktiven Fabrikhallen nun auch großräumige Galerien entstanden, in denen eine junge, aufstrebende Kunstszene ihr Zuhause findet.

Genau in dieses Zusammenspiel zwischen Alt und Neu reiht sich ein kleines Kuchengeschäft ein, das einen Besuch zu jeder Tageszeit wert ist. Steve's Authentic Key Lime Pie gibt es seit 2001, und der Laden verliert nicht an Popularität. Dekoriert mit allerlei buntem Schnickschnack, erweckt das Geschäft gleich den Eindruck, dass man sich hier wohlfühlen kann. Alles wirkt einladend handgemacht, einfach und sympathisch, was auch daher kommt, dass das Geschäft komplett von der kleinen Familie rund um Steve geführt wird.

TIPP

Bummeln auf der Van Brunt Street oder lokalen Whiskey bei der Widow Jane Distillery kosten.

Zu essen bekommt man, wie der Name bereits sagt, vor allem selbst gemachte und fruchtige Limetten-Kuchen. Diese werden am selben Tag gebacken und kommen mit der Garantie, dass nur frisch gepresster Limettensaft anstatt Konzentrate verwendet wurden. Die Kuchen oder Tarts gibt es, je nach Hunger, in verschiedenen Größen. Sie werden in kleinen Aluminiumbehältern verkauft, die man gleich vor Ort recyceln kann. Und wem der Originalgeschmack noch nicht genug ist, der kann die Chocolate Dipped Excellence probieren, eine Limetten-Tarte, die am Stiel gefroren und anschließend in flüssige belgische Schokolade gedippt wurde.

Mit diesem absoluten Wohlfühl-Snack, kann man sich auf eine der Holzbänke vor dem Laden setzen und den Blick über New Yorks Hafen schweifen lassen. Ganz besonders schön ist es, von hier den unverstellten Ausblick auf die Freiheitsstatue beim Sonnenuntergang zu genießen.

- Steve's Authentic Key Lime Pie, 185 Van Dyke Street, Brooklyn, NY 11231, Tel. +1 (7 18) 8 58 53 33, keylime.com
- ÖPNV: Pier 11/Wall Street, entweder Wassertaxi bis Haltestelle Ikea Dock oder South-Brooklyn-Fähre bis Red Hook

Besser in Gesellschaft

60 Bohemian Hall & Beer Garden

Es gibt so ein paar Dinge, die man lieber nicht allein, sondern in Begleitung macht. Dazu gehört ein Besuch im Bohemian Hall & Beer Garden in Queens. Natürlich kann man hier auch problemlos allein aufschlagen, der Biergarten lädt aber einfach sehr dazu ein, sich gemütlich niederzulassen, einen Nachmittag zu verquatschen und dabei verschiedenste Biere durchzuprobieren.

Zunächst einmal ist es gar nicht so einfach, in New York einen Ort zu finden, an dem man das echte Biergarten- und Draußen-trinken-Gefühl haben kann. Der Biergarten hat sogar eine Raucherecke, was für viele New Yorker eine Art Luxus darstellt. Hinzu kommt, dass das Flair im Biergarten einfach entspannt ist und die Location, anders als viele an bayerische Wirtshäuser angelehnte Orte, ganz ohne Fahnen, Heimatschnickschnack und Akkordeonmusik auskommt. Dafür gibt es eine hervorragende Auswahl zahlreicher lokaler, regionaler und internationaler Biere. Darunter einige tschechische, slowakische und deutsche Spitzenmarken. Neben den Sorten frisch vom Fass gibt es eine Karte nur für Dosenbiere, und wer gar keine Lust auf das Hopfengetränk hat, wird an der Weinbar oder bei den Softdrinks fündig. Experimentierfreudigen Biertrinkern sei aber empfohlen, mal das eine oder andere Bier zu testen. Entgegen dem Budweiser-Vorurteil hat die amerikanische Bierbraukunst nämlich einiges zu bieten. Ein Hop-oder-top-Bier ist zum Beispiel das Founders Centennial IPA, ein beinahe braunes Bier mit intensivem Hopfengeschmack.

Und wer es dann doch ein bisschen traditionell mag, der wird sich an der Auswahl der Speisen erfreuen. Auf einem offenen Grill werden allerlei Würste zubereitet. Außerdem werden Highlights der tschechischen Küche verkauft. Dazu gehören zum Beispiel Gulasch, Pierogies und überbackener Käse. Natürlich gibt es hier auch das obligatorische Schnitzel und verschiedene Klassiker der amerikanischen Barküche. Man muss sich also bei all den Gesprächen gar keine Sorgen machen, satt und satt zu werden.

TIPP

Im Winter verwandelt sich der Biergarten in eine Bierhalle. Spaß hat man hier ganzjährig.

● Bohemian Hall & Beer Garden, 29–19 24th Avenue, Queens, NY 11105,
Tel. +1 (7 18) 2 74 49 25, bohemianhall.com
● ÖPNV: Metro N, W, Haltestelle Ditmars Boulevard

Das Secondhand-Paradies

61 Beacon's Closet in Greenpoint

Zum kompletten Shopping-Erlebnis in New York gehört es dazu, sich durch die Tiefen eines Secondhandshops zu wühlen, um ein einmaliges Kleidungsstück oder Accessoire mitzunehmen, das einen für immer an die Reise erinnert. Man wird deshalb keine Schwierigkeiten haben, Secondhand-Geschäfte und Thrift Stores an allen Ecken der Stadt zu finden.

Das beste Rund-um-Paket gibt es aber bei Beacon's Closet, dem in den 90ern gegründeten Original aus Brooklyn. Während der Standort des ersten Shops in Williamsburg damals noch als fragwürdig galt, ist das Geschäft – inzwischen in Greenpoint – Post-Gentrifizierung in einem der Hot-Spots Brooklyns. Schon auf dem kurzen Fußweg von der Bahnstation zum Laden finden sich links und rechts einzigartige und vor allem lokale Geschäfte, Cafés und Restaurants.

TIPP

Thrift Stores spiegeln ihre Nachbarschaft. Für günstigere Markenklamotten geht man z. B. in die Upper East Side.

Anders, als der Name vermuten lässt, ist der Shop keinesfalls so klein, wie ein Schrank. Im Gegenteil, das ausgebaute Industrielager gleicht mit seinen hohen Decken einer Halle, in der Tausende gut sortierter Kleidungsstücke ihr Zuhause gefunden haben. Geordnet sind sie nicht nur nach Typ, sondern auch nach Farben. Wer also auf der Suche nach etwas ganz Bestimmtem ist, wird schneller fündig. Zusätzlich kann man sich von den Schuhen inspirieren lassen, die oben auf den Kleidungsrondellen stehen. Auch hier gibt es eine bunte Mischung aus vergleichsweise neuen und klassischen Paaren und abgefahrenen Tretern, für die man ein Quäntchen Mode-Mut braucht.

Besonders Spaß macht es, die extravaganten Einzelstücke und Vintageklamotten anzuprobieren, sich in eine andere Zeit zurückzuversetzen und seine kühnsten Kombinationsideen lebendig werden zu lassen. Dank der stark reduzierten Preise muss es zudem nicht beim Anprobieren bleiben, denn in der Regel findet man für wenig Geld etwas, das einen begeistert. Im Zweifel bieten zahlreiche Taschen, ausgefallener Schmuck und verspielte Accessoires eine Alternative, die mehr ist als nur ein Trostpflaster.

● Beacon's Closet, 74 Guernsey Street, Brooklyn, NY 11222, Tel. +1 (7 18) 4 86 08 16
beaconscloset.com
● ÖPNV: Metro G, Haltestelle Nassau Avenue

In Gold getaucht

62 Golden Hour und Manhattanhenge

Es gibt viele Anlässe und Veranstaltungen in New York, die man nur saisonal erleben kann, was die Reiseplanung nicht weniger stressig macht. Ein Phänomen, für das man jedoch lediglich die Sonne braucht, ist die Golden Hour. Ganz einfach übersetzt in „goldene Stunde" wird hiermit die Zeit am späten Nachmittag oder Abend bezeichnet, in der die untergehende Sonne die gesamte Stadt in Gold taucht. Egal, zu welcher Jahreszeit man die Golden Hour sieht, es ist immer ein magisches Erlebnis; ein Moment, in dem selbst in einer Stadt wie New York alles ein bisschen langsamer passiert.

Sofern es also auf der Reise Sonnentage gibt, sollte man die letzte Stunde vor dem Sonnenuntergang damit verplanen, zu Fuß durch die Stadt zu spazieren und das Spektakel zu beobachten. Obwohl auch der direkte Sonnenuntergangs-Ausblick von einem der Flüsse immer faszinierend ist, lohnt es sich hierfür tatsächlich, zwischen die Häuserreihen zu gehen und ein Stück Großstadtdschungel auf sich wirken zu lassen.

TIPP

Am besten eignen sich die 14., 23. und 34. Straße zur Golden Hour.

Dann nämlich kann man mit etwas Glück auch gleich noch ein zweites Phänomen beobachten, das als Manhattanhenge bezeichnet wird. Gemeint ist eine perfekte Anordnung von Sonne und Straßen, die vermeintlich nur wenige Tage im Jahr zu sehen ist. Im Kern aber spielt sich ein vergleichbarer Lichteffekt fast jeden Tag ab, da die Sonne hinter New Jersey untergeht und damit häufig in einer Reihe mit den von Westen nach Osten verlaufenden Straßenadern liegt.

Trotz der schieren Dichte an Gebäuden kann es deshalb also passieren, dass einem um 19 Uhr auf der 14. Straße die warme Abendsonne direkt ins Gesicht scheint. Alles um einen herum wird dann in Gelb-Orange-Töne getaucht und erscheint schlichtweg magisch, ein bisschen kitschig und unfassbar schön. Das ist der perfekte Moment, um einfach mal stehen zu bleiben, den Augenblick in vollen Zügen zu genießen und das Treiben um einen herum wie in Zeitlupe an sich vorbeiziehen zu lassen.

● Golden Hour und Manhattanhenge, 23rd Street & 5th Avenue, Manhattan
● ÖPNV: Metro R, W, Haltestelle 23rd Street

Cocktails & Kunst mit Aussicht

63 The Cantor Roof Garden Bar

Wer einen Besuch im Metropolitan Museum of Art plant, muss sehr entscheidungsfreudig sein, denn die Ausstellung des Museums ist so groß, dass ein Tag nicht ansatzweise ausreicht, um alles zu sehen. Es empfiehlt sich deshalb, vorher zu schauen, welche Ausstellungen es gibt, um dann gezielt dort hinzugehen, wofür man sich am meisten interessiert. Während des Aufenthalts sollte man aber immer eines der Highlights des Museums einplanen: die Dachterrasse, welche kostenlos begehbar ist.

Selbst wenn man nur hierfür kommt, lohnt sich der Besuch, denn die Terrasse bietet knapp über den Baumkronen einen faszinierenden Ausblick über den Central Park, den so nur Anwohner der umliegenden Gebäude bekommen. Oft ist es zudem überraschend leer im Vergleich zum Museum selbst. Man wird entschleunigt und kann tief durchatmen, so mittendrin in der grünen Lunge Manhattans. Neben verschiedenen Sitzgelegenheiten, die sich hervorragend für Fotos, aber auch zum Verweilen eignen, gibt es die The Cantor Roof Garden Bar. Hier werden neben Snacks und Sandwiches schicke und leckere Cocktails serviert, die das Sonne-Ausblick-Relax-Erlebnis perfekt abrunden. Wenn man nicht zu den Sonnenanbetern zählt, findet sich unter dem weinberankten Holzdach ein gemütliches Schattenplätzchen, von dem aus man ebenfalls ins satte Grün des Central Parks blicken kann.

Zu bestaunen gibt es aber nicht nur Natur. Da sich die Terrasse auf einem Museum befindet, kann man mit einem kühlen Getränk in der Hand wechselnde Exponate sehen, die auf dem Dach installiert werden. Sie gehören in der Regel zu einer der Sonderausstellungen, sodass man hier entweder schon einmal einen Vorgeschmack auf das bekommt, was man im Museum sehen wird, oder aber seinen Besuch mit Stil abschließt.

TIPP
Die Cocktails sind lecker, aber auch etwas teuer. Ein Besuch geht auch ohne Kauf an der Bar.

● The Cantor Roof Garden Bar, 1000 5th Avenue Rooftop 5th Floor, New York, NY 10028, Tel. +1 (2 12) 5 35 77 10, metmuseum.org
● ÖPNV: Metro 4, 5, 6, Haltestelle 86th Street

Per Subway ins Morgenland

64 Asiatische Micro-Nachbarschaft in Jackson Heights

Diversität ist ein Aspekt von New York, den man wirklich fast überall sehen kann. Dabei zeichnet sich die Stadt von jeher nicht nur durch das bunte Durcheinander von verschiedensten Kulturen aus, sondern auch durch zahlreiche Mikro-Nachbarschaften, in denen sich vereinzelte Kulturen Enklaven geschaffen haben. Die bekanntesten Vertreter hiervon sind vielleicht Little Italy oder Chinatown. Aber auch abseits der Stadtmitte lassen sich diese Enklaven finden und bieten einen einzigartigen Einblick in die fremde Kultur.

Eine dieser Mikro-Nachbarschaften befindet sich in Jackson Heights in Queens. Steigt man aus der Metrostation Jackson Heights – Roosevelt Avenue aus, darf man sich nicht vom Schein der Hauptstraße trügen lassen. Vorbei an Ketten wie Wendy's befindet sich Richtung Norden eine südasiatisch geprägte Nachbarschaft mit authentischen Supermärkten, Restaurants und Geschäften. Für oft deutlich weniger Geld als in Manhattan kann man hier traditionelle indische oder pakistanische Speisen essen und sich der Gastfreundschaft der hiesigen Kellner erfreuen.

TIPP

Es gibt auch Geschäfte, die indische Seide und andere Stoffe verkaufen. Ein tolles Souvenir.

Besonders empfehlenswert für einen Unterwegs-Snack ist Kababisch, in dem die pakistanische und indische Küche zu sehr leckeren Streetfood-Varianten kombiniert werden. Seinen Nachtisch bekommt man entlang der 37. Straße einen Block weiter nördlich, an dem sich mehrere Läden mit Süßigkeiten angesiedelt haben. Raja Sweets & Fast Food verkauft sehr schmackhafte indische Süßigkeiten, Gebäck und allerlei sonstige Leckereien.

Wer sich den Geschmack dieser kleinen Weltreise mit nach Hause nehmen möchte, kann das im Apna Bazaar machen. Der Supermarkt spezialisiert sich auf asiatische Zutaten und Gewürze. Schräg gegenüber wird im Mannan Halal Supermarkt Halal-Fleisch und -Fisch verkauft, sodass man alle Zutaten hat, um sich selbst in seiner Unterkunft ein leckeres Gericht zuzubereiten (falls die Unterkunft es erlaubt).

● Little India, Jackson Heights, NY 11372
● ÖPNV: Metro 7, E, F, M, R, Haltestelle Jackson Heights – Roosevelt Avenue

Falls die Stadt doch schläft ...

65 Ukrainisches Komfort-Essen bei Veselka

Wenn es einen Ort gibt, an dem New York wirklich selten schläft, dann ist es dieses trubelige Traditionsrestaurant im East Village, in dem man am Wochenende bis tief in die Nacht ukrainische Spezialitäten genießen kann. Da das Lokal bereits Spielort für verschiedene Filme war, muss man hier immer etwas anstehen. Selbst nach Mitternacht kann man hier auf volle Tische treffen, aber dennoch ist der Lautstärkepegel wesentlich angenehmer als in vielen anderen Restaurants. Man kann sich tatsächlich ohne große Anstrengung unterhalten.

Der Grund für diese Beliebtheit ist nicht nur die Bekanntheit des Restaurants, sondern das hervorragende Komfort-Essen. Viele Gerichte, wie die Kohlroulade und das Gulasch, würden in Deutschland als typische Hausmannskost beschrieben werden. Leichte Speisen findet man hier also eher nicht. Aber wen das nicht stört, der kann sich von Spezialitäten wie der Borschtsch-Suppe von innen wärmen und in Kindheitstage zurückversetzen lassen.

TIPP

Wer nicht auf einen Tisch warten möchte, kann an der To-go-Theke bestellen.

Besonders empfehlenswert aber sind die Pierogi, mit Fleisch oder verschiedenen Gemüsesorten gefüllte Teigtaschen, die man gekocht oder gebraten essen kann. Ohne sie zumindest probiert zu haben, sollte man das Restaurant nicht verlassen. Glücklicherweise kann man sie sich individuell in verschiedenen Mengen zusammenstellen und dann mit karamellisierten Zwiebeln und Sour Cream genießen. Da verfällt man zwischenzeitlich in essensbedingte Glückszustände.

Falls man durch diese Hauptspeisen nicht schon völlig gesättigt ist, bietet das Restaurant eine breite Auswahl an köstlichen Kuchen und Nachspeisen. Allerdings machen diese oft die Mitarbeit von anderen nötig, denn man wird bei den Portionsgrößen unweigerlich vor das Problem gestellt, dass man den Nachtisch aufessen möchte, aber nicht kann oder sollte, wenn man im Anschluss noch aktiv sein will. Ein Besuch mit Freunden oder Familie ist deshalb empfehlenswert.

● Veselka, 144 Second Avenue, New York, NY 10003, Tel. +1 (2 12) 2 28 96 82
veselka.com
● ÖPNV: Metro 6, Haltestelle Astor Place

Kolumbianisches Soul Food

66 Arepa Lady

Maria Piedad Cano ist ein bekannter Name für Street-Food-Fans in New York. Cano hatte einst einen der populärsten Food Trucks der Stadt, von dem aus sie Arepas unterhalb der 7-Subway in Queens verkaufte. Inzwischen haben ihre Söhne dem Geschäft ein permanentes Zuhause im multikulturellen Jackson Heights gegeben. Dort führen sie in modernem Ambiete die Tradition herzhaft-geschmackvoller Arepas fort.

Die kolumbianische Spezialität ist im Wesentlichen ein Maisfladen, der etwa fingerbreit aufgebacken und anschließend gefüllt wird. Er ähnelt optisch einem Pancake. Während Arepas in Kolumbien auch süß serviert werden, reicht man sie hier vor allem mit herzhaften Füllungen und verschiedenen Saucen.

TIPP

Wer bar zahlt, spart sich die Kreditkartengebühren des Geschäfts.

So kommt der außen knusprig gebackene und innen fluffige Arepa de queso zum Beispiel mit einer Menge geschmolzenem Mozzarella daher. Eine einfache, aber sehr schmackhafte Zubereitung und Kombination, denn der leicht süßliche Geschmack des Fladens bietet einen wunderbaren Kontrast zur Füllung. Eine weitere beliebte Variante ist der Arepa de choclo, bei dem frischer Mais für zusätzlichen Pepp sorgt. Etwas herzhafter wird die Teigspeise, wenn man Fleisch zur Füllung hinzufügt. Besondere Spezialitäten, die man neben Geflügel und Pulled Pork probieren kann, sind Chorizo – eine pikante, auf Schweinefleisch basierende Wurst – und Chicharrón, ein Stück frittierter Schweinebauch als Teil der Füllung.

So richtig lecker und abgerundet wird der Arepa aber erst, wenn er mit den verschiedenen Saucen kombiniert wird, die das Restaurant zu bieten hat. Wer es scharf mag und einiges aushalten kann, der versucht sich an der grünen oder roten Sauce. Für einen weniger scharfen Geschmacksboost empfiehlt sich die Chipotle-Mayo, die auch hervorragend zu den frittierten Kochbananen passt. Wofür auch immer man sich entscheidet, das Essen ist pures Seelenfutter. Vielleicht tut es nicht besonders viel für den Vitaminhaushalt, aber es trägt auf jeden Fall zum allgemeinen Wohlbefinden bei.

....

● Arepa Lady, 77–17 37th Avenue, Jackson Heights, NY 11372, Tel. +1 (9 17) 7 45 11 11
theArepaLady.com
● ÖPNV: Metro 7, E, F, M, R, Haltestelle Roosevelt Aveenue – Jackson Heights

New York als Freilichtbühne

67 Sommerkonzerte in den Parks

Sobald die ersten Sommertage herannahen und der oftmals sonnige, aber kalte Frühling wärmeren Temperaturen weicht, füllen sich die New Yorker Parks mit Menschen und Programmen. Von Mai bis September findet man dann überall tolle Veranstaltungen, die man nicht verpassen sollte. Ganz bekannt und daher oft schon frühzeitig ausgebucht ist die Summer Stage im Central Park. Hier geben sich die großen Namen des Musik-Business die Klinke in die Hand, sodass man Tickets oftmals nur durch die Lotterie bekommt. Es lohnt sich aber dennoch, es zu probieren. Egal ob Theater, Konzerte oder Partys, in den Sommermonaten findet man alles im Central Park. Wer etwas mehr Abwechslung sucht, sollte sich das Programm im Prospekt Park ansehen. Dort findet man nicht nur mehr Platz, sondern auch ein Programm etwas abseits vom Mainstream, das es sicher nicht überall gibt.

TIPP

Am Lincoln Center finden auch im Winter Veranstaltungen statt. Ein Besuch lohnt sich immer.

Eine bunte Mischung aus größeren Acts und Künstlern, die vor allem innerhalb ihrer Genres bekannt sind, bietet das Lincoln-Center-Out-of-Doors-Programm. Dafür wird direkt neben dem Gebäudekomplex ein Vorplatz abgezäunt und mit Festival-Ambiente dekoriert. Sitz- und Stehplätze gibt es nach dem First-Come-First-Serve-Prinzip, aber auch Zuspätkommer können sich rund um den Platz auf den flächigen Mauern hinsetzen. Von da aus sieht man zwar die Künstler nicht mehr so gut, hört aber alles und kann das Konzert mit einem Picknick unter Freunden kombinieren. Wer es in den abgezäunten Bereich schafft – kostenlose Tickets können ganz einfach online gebucht werden –, kann dort entweder einfach bei einem vor Ort verkauften Getränk zuhören und genießen oder sich denen anschließen, die es nicht mehr auf den Stühlen hält, und tanzen. Neben Musikveranstaltungen werden auch Tanz- und Lichtperformances sowie Comedy-Shows gezeigt. Das bunte Programm bietet Legenden wie Patti Smith genauso eine Bühne wie Schülern der lokalen Kunsthochschule. So verplanen sich die lauen bis heißen Sommerabende in der Stadt wie von selbst.

● Lincoln Center for the Performing Arts, Damrosch Park, 60 Lincoln Center Plaza, New York, NY 10023, lincolncenter.org/home
● ÖPNV: Metro 1, A, B, C, D, Haltestelle 59th Street/Columbus Circle; Metro 1, Haltestelle 66th Street – Lincoln Center

Winterliches Laternenfest

68 Winter Lantern Festival auf Staten Island

Viele New Yorker bezeichnen Staten Island als vergessenen Bezirk. Es gibt viele, die nie einen Fuß auf die Insel gesetzt haben, es sei denn, sie sind mit der Fähre hierhergefahren und sofort durch das Terminal wieder zurück nach Manhattan. Dennoch hat der Stadtteil einiges zu bieten und möchte sich zudem in naher Zukunft mit dem größten Riesenrad der Welt schmücken.

Ein winterliches Highlight, für das sich die Anreise mit Fähre und Bus lohnt, ist das Winter Lantern Festival. Hierfür werden im Kulturcenter und Botanischen Garten in Snug Harbor weitreichende Außenflächen mit thematisch organisierten Laternen geschmückt. Eintritt in die Open-Air-Ausstellung erhält man durch einen längeren Lichttunnel, in dem man beinahe das Gefühl für Zeit und Raum verlieren könnte, würden nicht die anderen Menschen um einen herum sein. Besonders in der Dunkelheit der Wintermonate ist es ein wirklicher Glücksmoment, hier zu sein. Man kann das Licht und die Fröhlichkeit in Mengen aufsaugen.

Am Ende des Tunnels startet ein gewundener Pfad, dem Besucher durch die Ausstellung folgen. So kann man sichergehen, an allen Laternen vorbeizukommen, ohne sich über einen Plan Gedanken machen zu müssen. Stattdessen hat man Zeit zum Staunen, Bewundern, Verzaubertsein und Lächeln, während man sich die Laternen anschaut. Es gibt lustige Figuren, interessante Objekte, Fantasieinstallationen mit Feen und Schlössern oder Tiere und Pflanzen. Diese sind zum Teil überlebensgroß oder bewegen sich, sodass sich spaßige Fotos ergeben. Zudem treten einmal pro Stunde verschiedene asiatische Tänzer oder Tanzgruppen auf. Da sieht man dann New Yorks beste Fächer- oder Schwerttänzer und wärmt sich beim Mittippeln der Melodie die Füße wieder auf. In der Nähe des Ausgangs gibt es zum Aufwärmen auch verschiedene Food-Trucks und Souvenir-Stände. Das Festival bietet also ein Rundum-Programm, das nicht nur für kleine, sondern auch für große Kinder geeignet ist. Wer lässt sich nicht gerne ein bisschen verzaubern?

....

● Snug Harbor Cultural Center & Botanical Garden, 1000 Richmond Terrace, Staten Island, NY 10301, Tel. +1 (7 18) 4 25 35 04
winterlanternfestival.com
● ÖPNV: Staten-Island-Fähre und dann Bus S40 (Gate D) bis Snug Harbor

Im Foodie-Paradies

69 Smorgasburg an der Waterfront

Als Metropole der Foodies kann der Big Apple wirklich jeden noch so exotischen Geschmack bedienen. Das niemals endende Angebot an Street Food Carts, Restaurants und Eateries aus allen Ländern und Küchen kann aber auch schon einmal überfordern. Abhilfe verschafft hier Smorgasburg, ein inzwischen nicht mehr nur den Hipstern Brooklyns bekannter Food-Markt, auf dem sich von April bis Oktober jeden Samstag Hunderte Menschen tummeln.

Ein Besuch lohnt sich allein für die Aussicht. Idyllisch inmitten eines kleinen Parks am East River gelegen, genießt man von hier einen phänomenalen Ausblick auf Midtown. Im Sommer findet man auch ein schattiges Plätzchen unter den sporadisch gepflanzten Bäumen oder kann (auf eigene Gefahr) die Füße im Fluss abkühlen. Und wenn auch das nicht hilft, dann holt man sich mit ein bisschen Anstehen eine frisch aufgeschnittene Kokosnuss und schlürft genüsslich das kalte Kokoswasser.

TIPP

Smorgasburg hat inzwischen mehrere Locations, an denen es immer auch Geldautomaten gibt.

Ein Besuch hier lohnt sich allein, mit einer Gruppe oder mit der ganzen Familie, und man kann sicher sein, dass für wirklich jede und jeden etwas Leckeres dabei ist. Fleischliebhaber können sich an Burgern, Tacos, gegrillten Enten, Rinderlenden oder Hummern ergötzen. Aber auch Vegetarier und Veganer, Keto-Freunde und Glutenfreie werden den Luxus einer breiten Auswahl an den Ständen zu schätzen wissen, denn Vielfalt und Einfallsreichtum stehen bei den Anbietern ganz oben.

Dazu stellen die Veranstalter sicher, dass experimentierfreudige Esser in jeder Saison neue Inspirationen finden. Die neuesten Food-Trends werden repräsentiert oder starten hier. Wer bei Fusion Kitchen, Mochi Cakes, Shaved Ice, Mofongo und Po-Boy nur Bahnhof versteht, kann sich sein neues Wissen ganz genüsslich auf der Zunge zergehen lassen. Und sogar einen Dönerstand gibt es für Heimatverliebte. Dessen New Yorker Preise muss man sich dann aber mit einer der zahlreichen selbst gemachten Limonaden-Kreationen versüßen.

....

● Smorgasburg, 90 Kent Avenue, Brooklyn, NY 11211
smorgasburg.com
● ÖPNV: Metro L, Haltestelle Bedford Avenue

Brücke in die Vergangenheit

70 Spazieren auf der High Bridge

Es gibt nicht mehr viele Orte, die einen Eindruck des alten, vorindustriellen New Yorks vermitteln. Einer dieser Plätze ist die High Bridge im Norden, die Harlem und die Bronx für Fußgänger und Fahrradfahrer miteinander verbindet. Nach einem kurzen Spaziergang durch den Highbridge Park auf der Harlem-Seite, kommt man zu einem alten Steinturm, der auf dem höchsten Punkt des Parks thront. Von dort aus führt eine Treppe zur Brücke hinunter. Mit einem kleinen Umweg kann man die Brücke aber auch ohne Treppen erreichen.

Unten angekommen, erwartet einen ein Bauwerk mit enormer historischer Bedeutung. Die im Jahre 1848 erbaute Brücke war in ihrer Zeit die erste zuverlässige Art des Wassertransports in die Stadt, die kurz zuvor von Cholera und großen Bränden geplagt worden ist. Diese und viele andere interessante Fakten erfährt man, wenn man bei einer der kostenlosen Touren, die im Park angeboten werden, mitmacht. Es finden sich jedoch auch an einigen Stellen Plaketten und Metallschilder, auf denen manches über die faszinierende Brückengeschichte erzählt wird.

TIPP

Wie jeder Park in der Stadt hat auch die High Bridge Schließzeiten.

Aber auch ohne weiteren Input kann man den Besuch im Highbridge Park genießen. Die kleinen verwunschenen Wege sind einfach für die ganze Familie zu begehen, und ein Spaziergang über die Brücke ist eine tolle Belohnung für eine Mini-Wanderung. Die verschiedenen Sitzgelegenheiten laden zum Verweilen ein, sodass man den Blick über den Harlem River schweifen lassen kann. Richtung Süden sieht man bei perfektem Wetter viele Hochhäuser Midtowns und blickt ansonsten auf das herrlich urbane Nord-Manhattan mit seinen verschiedenen Häuserblocks und Straßenadern. Für New Yorker ist dies ein Stück urbane Romantik. Auf jeden Fall aber bieten der Highbridge Park und die High Bridge selbst einen spannenden Einblick in ein Stück New Yorker Geschichte, die nicht so viele Besucher zu sehen bekommen.

● High Bridge, Highbridge Park (Höhe 172nd Street), New York, NY 10033
● ÖPNV: Metro A, C, Haltestelle 168th Street; Metro 1, Haltestelle 181th Street

Das Auge isst mit

71 Stylisch essen bei Up Thai

Auch wenn man das nicht direkt von außen sieht, hat der stylische Thailänder an der Upper East Side einiges an Flair und gutem Geschmack zu bieten. Ein Besuch hier wird auf jeden Fall nicht enttäuschen und neben dem wohligen Gefühl, das ein leckeres Essen gibt, auch andere Sinneseindrücke hinterlassen. Bereits optisch ist das Lokal ein echter Hingucker. Elegante und moderne Holzverkleidungen verbreiten eine angenehme Atmosphäre. Das warme, halb gedimmte Licht unterstützt diese Gemütlichkeit genauso wie die liebevoll ausgewählte Dekoration.

Von den Deckenelementen hängen vielerlei Rankpflanzen, die den Gastraum fast schon wohnlich machen. Auch die hiermit harmonierenden verschiedenen Laternen, die in den Raum hineinhängen fügen sich in dieses Bild ein. Obwohl die Tische und Sitzplätze relativ nah beieinander sind, in New York ein leider typisches Phänomen, fühlt man sich hier nicht eingeengt. Im Gegenteil trägt das Ambiente zu einem Grundlevel an Wohlbefinden und Entspannung bei, das so schnell nicht erschüttert werden kann.

Besonders schön ist es, dass ein solches Feeling schon eintritt, bevor man sich überhaupt dem Essen widmet. Dieses steht dem Flair der Raumgestaltung jedoch in nichts nach. Statt auf experimentelle Rezeptvariationen setzt man hier auf frisch und lecker zubereitete authentische thailändische Küche. Die Gerichte werden mit Liebe zum Detail und zur Präsentation angerichtet und setzen das optische Erlebnis fort. Highlights sind definitiv die Crepe Dumplings als Appetizer und das Massaman Curry oder das Pad Woon Senn Poo (Nudelgericht mit Krabben) als Hauptspeise. Zum Abrunden des Geschmackserlebnisses gibt es zum Beispiel eine Eis-Triologie aus den Sorten Tee, Kokusnuss und Mango als Nachspeise.

Wer sich völlig dem etwas fremden Geschmack hingeben möchte, kann hier auch das in New York beliebte Ingwerbier trinken. Das ist für viele eine Hop-oder-top-Sache, aber manchmal lohnt es sich ja schon, einfach etwas Neues zu probieren.

TIPP

Am Freitagabend und am Wochenende unbedingt vorher reservieren, zum Beispiel direkt online mit Google.

● Up Thai, 1411 2nd Avenue, New York, NY 10021, Tel. +1 (2 12) 2 56 11 99
upthainyc.com
● ÖPNV: Metro M, Q, R, Haltestelle 72nd Street

Entspannung von Kopf bis Fuß

Renew Day Spa

Der beste Weg, New York kennenzulernen, ist, die Stadt zu Fuß zu erkunden. Wer sich nur mit öffentlichen Verkehrsmitteln fortbewegt, wird viele kleine Nebenstraßen mit lokalen Geschäften, süßen Boutiquen oder Cafés nicht mitbekommen und öfter bei Ketten landen; mit anderen Worten verpasst man hierdurch allzu oft das echte New York. Allerdings haben die blinde Erkundung und das Sich-treiben-Lassen auch einen Preis, den in der Regel die Füße austragen. Spätestens am Abend fühlt man den Ausflug in den Asphaltdschungel. Deshalb sollte ein Entspannungsrogramm für die Füße unbedingt als Teil jedes Besuchs eingeplant sein. Oftmals kann man das perfekt mit anderen Programmpunkten verbinden, da es günstige Massagestudios in jeder Nachbarschaft gibt.

TIPP

Wer bar zahlt, spart sich die Steuern, 15–20 % Trinkgeld sollte man aber trotzdem parat haben.

Besonders empfehlenswert ist das Renew Day Spa in Chinatown. Geht man im Schildergewirr durch den engen Hausaufgang in das recht unscheinbare Geschäft, kann man noch etwas skeptisch sein. Ja, das Spa sieht auf den ersten Blick nicht besonders aus und kann nicht mit den teilweise klinischen Ästhetiken deutscher Massageanbieter mithalten. Innen ist es dann aber sofort gemütlich. Die dunkle Gestaltung der Räume entspannt die reizüberfluteten Augen, das Klima ist angenehm warm, und im Hintergrund hört man eine kurzweilige, aber beruhigende Instrumentalmusik.

Da sitzt man dann also, ausgestreckt und ausgeruht, und lässt sich die Kilometer vom Fuß massieren, bis nur noch das Gefühl übrig bleibt, auf Wolken zu gehen. Von der Oberseite des Zehs bis zum letzten Winkel der Ferse, in der einstündigen Massage wird der gesamte Fuß behandelt. Zusätzlich bekommt man während des kurzen Fußbads am Start eine Nackenmassage. Ein umfassender Service wird hier wirklich großgeschrieben, also sollte man auch nicht schüchtern sein zu sagen, wenn es stärker sein könnte oder zu stark ist. Somit hat man mit dem Besuch in diesem Spa aus dem Heimweg schnell mal eine Kur gemacht, nach der man sich wieder absolut bereit fühlt für den nächsten Tag zu Fuß.

● Renew Day Spa, 10 Bowery 2nd Floor, New York, NY 10013, Tel. +1 (2 12) 2 27 94 88
renewdayspa.net
● ÖPNV: Metro J, N, Q, R, 6, Haltestelle Canal Street

Veganes Schlemmerland

73 Asiatisch mal anders bei Beyond Sushi

Asiatisches Essen ohne Fleisch und Sushi ohne Fisch, das geht doch nicht, oder? In New York werden vorgefertigte Meinungen zum Thema Essen wie diese auf jeden Fall infrage gestellt. So zum Beispiel bei Beyond Sushi, denn das Restaurant spezialisiert sich auf 100% vegane und asiatisch inspirierte Speisen. Wie der Name bereits sagt, kann man hier zum Beispiel veganes Sushi bekommen, das jedoch keinesfalls eine langweilige Reisrolle ohne Fisch ist.

Im Gegenteil, die Geschmackskombinationen, die hier ausprobiert werden, sind verdammt lecker und zum Teil überraschend. Man nehme zum Beispiel die Sunny-Side-Rolle mit schwarzem Reis, Fenchel, sonnengetrockneten Tomaten, Avocado, Butternutkürbis und Mandelpesto. Zubereitet wird diese (und alle anderen Sushi-Rollen) frisch. Man kann den Köchen sogar dabei zuschauen, da die Küche lediglich durch eine Glastheke zum Gastraum abgegrenzt wird. Ein absolutes Muss sind hier auch die Dumplings, die Teigtaschen, zum Beispiel „the Badge", eine Version mit Kohl, Paprika, Karotten, Chili-Streuseln, frischem Koriander und Ponzu-Sauce (sie schmeckt wie eine zitronige Version einer Balsamico-Essenz).

TIPP

Das Tages- und Abendmenü unterscheidet sich in der Auswahl und im Preis.

Wem bis hierhin noch nicht das Wasser im Mund zusammenläuft, der sollte den Appetizer-Dip aus Kürbis probieren. Dieser wird schick in einem Tonteller gereicht und mit eingekochten Rote-Bete-Stückchen, geschmorten Paprika und Thymian serviert. Dazu bestellt man am besten ein Rosmarin-Knoblauch-Brot, das frisch in einem Tontopf gebacken wird. Während sich die Dips besonders für Sommertage eignen, sind die Suppen eine perfekte Wahl für den Winter. Zum Beispiel die Kokusnuss-Curry-Ramen-Suppe mit Kürbis, Spargel, Kichererbsen, Spinatblättern und Limetten-Chips, die gleich einen frischen Energie-Kick gibt. Eigentlich ist es aber egal, was man hier ausprobiert, denn die Kreativität bei der Zusammenstellung der Gerichte begeistert einfach sehr, sodass man jedes Mal das Gefühl hat, dass die Geschmacksnerven etwas Neues lernen.

● Beyond Sushi, 134 West 37th Street, New York, NY 10018, Tel. +1 (2 12) 5 64 08 69
beyondsushi.com
● ÖPNV: Metro B, D, F, M, N, Q, R, W, Haltestelle 34 Street – Herald Square;
Metro 1, 2, 3, Haltestelle 34 Street – Penn Station

Im Stil der Dichter & Denker

74 Cocktails im Oscar Wilde

Es gibt viele Gründe, warum man dem Oscar Wilde einen Besuch abstatten sollte. Einer davon ist die aufwändige Dekoration, die einen mühelos in die viktorianische Zeit zurückversetzt. Opulente Holzverzierungen an den Decken und Barsäulen, vergoldete Zapfhähne, mit rotem Leder gepolsterte Stühle, üppige Kronleuchter, Marmoroberflächen, Statuen und zahlreiche Bilder von Literaten machen das Flair der großräumigen Bar einzigartig und lebendig. Die dunkle Einrichtung schafft es, den schmalen Grad zwischen gemütlich und vollgestopft so zu balancieren, dass man sich gleich nach dem Betreten der Bar wohlfühlt. Auch wenn es hier mal voller wird, kann man sich noch gut mit anderen unterhalten und findet einen Platz in einer der Nischen oder an den im Raum verteilten Tischen.

TIPP

Das Essen hier ist zwar lecker, aber auch relativ teuer. Besser nicht mit leerem Magen kommen.

Ein weiteres Highlight im Oscar Wilde ist die mit 118,5 Fuß (circa 36 Meter) längste Bar New Yorks, an der man eine fantastische Auswahl an frisch gezapften Bieren, Cider, Wein oder Cocktails bekommt. Die Namen der Cocktails sind inspiriert vom Leben und Schaffen des exzentrischen Autors und werden, schön dekoriert, in eleganten Gläsern serviert. Wem süße Cocktails besonders schmecken, der sollte den „Lady Speranza" mit weißem Rum, Limettensaft, Hibiskus und Erdbeeren probieren. Für einen schmackhaften Twist eines Klassikers ist der „Smoked Old Fashioned" empfehlenswert. Ohnehin kommen Whiskeyliebhaber in dieser Bar auf ihre Kosten. Ein altes Piano wurde dekorativ als Bar umgewidmet und präsentiert inzwischen eine bemerkenswerte Auswahl von über 300 Whiskeysorten. Wer sich nicht auskennt, wird entsprechend seinen Vorlieben von den Barleuten beraten und bereut es bestimmt nicht, sich ein bisschen durchzuprobieren. Damit einem die Verkostung nicht auf den Magen schlägt, kann man sich im Oscar Wilde auch eine herzhafte Basis aus der Auswahl an Speisen schaffen. Auch das Menü hält eine interessante Balance zwischen Bar-Klassikern (z. B. Burger) und aufwändigeren Gerichten wie Lachs, Oktopus und Rippchen bereit.

● Oscar Wilde, 45 West 27th Street, New York, NY 10001, Tel. +1 (2 12) 2 13 30 66
oscarwildenyc.com
● ÖPNV: Metro R, W, Haltestelle 28th Street

Aussicht „on the rocks"

75 Hoch hinaus auf das Rockefeller Center

Während es viele Touristen magnetisch zum Empire State Building zieht, wissen die meisten New Yorker, dass sich ein Ausflug zum Top of the Rocks mehr lohnt. Inmitten der zahlreichen Hochhäuser, die sich in Midtown in den Himmel strecken, sticht das Gebäude architektonisch zwar nicht besonders hervor. Das wiederum ist aber auch nicht wichtig, wenn man sich ganz oben befindet und den Ausblick rundum einfängt. Nach einer rasanten Fahrstuhlfahrt (260 Meter in unter einer Minute) kann man diesen auf drei Etagen genießen.

Durch die große Fläche der Plattform mit Innen- und Außenbereichen entzerrt sich alles ganz angenehm, sodass man sich selten drängelt. Stattdessen hat man Platz und Zeit, um großartige Fotos zu machen, den Blick schweifen, und die Szenerie auf sich wirken zu lassen. So kann man dann die Details der Umgebung richtig gut aufnehmen und die Besonderheiten umliegender Sehenswürdigkeiten entdecken. Zum Beispiel gibt es keine bessere Möglichkeit, die riesige grüne Lunge Manhattans, den Central Park, in einer Draufsicht zu sehen. Während man sich im Park selbst durchaus mal verirrt, erkennt man von oben, wie sich seine rechteckige Form problemlos in die lineare Struktur Uptowns einfügt. Hier kann man nicht anders, als der mutigen Vision der New Yorker Stadtplaner zu danken, die sich dafür entschieden, eine so massive Fläche als Naturraum zu belassen.

TIPP

Sparfüchse können auf ein Getränk in die Hausbar (Rainbow Room) gehen. Der Ausblick ist inklusive.

Auch andere architektonische Highlights wie das Chrysler Building mit seiner Art-Deco-Verzierung und den metallischen Adlerköpfen erkennt man im Detail. Noch näher kommt man hieran nur durch Filme. Nicht zuletzt ist es aber der Blick auf den Rest der Stadt, der besonders fasziniert – rüber ins flächige Brooklyn und Queens, die sich beinahe endlos erstrecken, oder nach Downtown, wo sich in kurzer Distanz das Empire State Building und weiter südlich das One World Trade Center erheben. Wer ein bisschen Zeit mitbringt, sollte sich von der wechselnden Dynamik dieser Eindrücke vor und nach dem Sonnenuntergang verzaubern lassen.

● Top of the Rock, 30 Rockefeller Plaza, New York, NY 10111, Tel. +1 (2 12) 6 98 20 00
topoftherocknyc.com
● ÖPNV: Metro B, D, F, Haltestelle 47–50 Streets – Rockefeller Center

Magnolien & Kakteen

76 Pflanzenvielfalt im Botanischen Garten

Wer zwischenzeitlich genug von Beton und Hochhäusern hat und wem das Tempo der Stadt auf Dauer zu viel wird, der kann sich im Botanischen Garten so richtig erholen. Entschleunigung und Entspannung sind hier das Motto, während man durch den in der Bronx gelegenen Park spaziert. Fast ganzjährig lohnt sich ein Besuch in dieser grünen Oase, denn es gibt Gewächse aus allen Klimazonen und Regionen der Welt zu bewundern.

Lohnend ist es, sich für den Besuch Zeit zu nehmen und Snacks mitzubringen, denn es gibt überall Bänke und andere Sitzgelegenheiten, um eine Pause zu machen, die Sonne zu genießen und sich am Anblick der Blütenvielfalt zu erfreuen. Besonders der Steingarten mit seinem verträumten Wasserfall lädt zum Verweilen ein. Neben der Extraladung Sauerstoff trägt hier das beständige Rauschen des Wassers dazu bei, die Sorgen des Alltags hinter sich zu lassen, die Augen zu schließen und einfach tief durchzuatmen.

Wer im Winter eine Portion Sommergefühle braucht, kommt im Hauptkonservatorium auf seine Kosten. Das Glasgebäude ist mit seiner Kuppel und dem innen liegenden Brunnen schon architektonisch eine Augenweide. Auch hier fasziniert die Vielfalt von Palmen und Farngewächsen, Kakteen und Luftpflanzen, die in unbekümmerter Symbiose zusammenwachsen.

Farbenfroh wird es je nach Jahreszeit besonders im Magnolien- oder Rosengarten. Hier sollte man nicht nur ein schnelles Selfie schießen, sondern versuchen, die Gesamtstimmung einzufangen. Vielleicht scheint das Licht besonders schön auf die Blüten, der Wind weht durch den Garten und trägt die Gerüche der Pflanzen näher, oder Regen läuft perlenartig die Blumen herab und kreiert an anderer Stelle ein hübsches Prisma. Wen es zwischen Ende April und Anfang Mai nach New York verschlägt, der sollte sich die Kirschblüte nicht entgehen lassen. Die Blütezeit wird begleitet von verschiedenen Tanz-Performances und Ausstellungen, die man als idealen Anlass nehmen kann, einen Pausentag in der Natur einzulegen.

TIPP

Wer keine Sonderausstellung sehen möchte, kommt mittwochs zwischen 10 und 11 Uhr kostenlos rein.

● New York Botanical Garden, 2900 Southern Boulevard, The Bronx, NY 10458
nybg.org
● ÖPNV: Metro 2, 5, Haltestelle Pelham Parkway

Frühstück für Frühaufsteher

77 Grey Dog Café am University Place

Es ist gar nicht so einfach, außerhalb klassischer Brunchzeiten am Wochenende Restaurants und Cafés zu finden, die den Charme und das Genusserlebnis eines ausgiebigen Frühstücks auch in die Woche tragen können. Ganz leicht fällt das jedoch, wenn man vorbei an Blumengestecken durch die Holzschwingtür in das urige The Grey Dog Café tritt. Frei liegende Ziegelwände, warmes gelbes Licht, schlichte Holzmöbel und verschiedene Kunstwerke sorgen für ein heimeliges Ambiente. Dazu kommen klassische oder hölzerne Wandtafeln, die verschiedenste Menüpunkte präsentieren. Eigentlich ist für das Auge fast schon zu viel geboten, und doch zieht einen die Harmonie des gewollten künstlerischen Chaos' in den Bann, sodass man sich sofort wohlfühlt und es sich gemütlich macht. Besonders schön ist es in einer der kleinen Nischen hinter der Eingangstür, in der zwei Personen bequem Platz finden und die unheimliche Geborgenheit ausstrahlt. Dazu eine Tasse Scarlet Glow, einen vollmundigen Früchtetee, und der Tag kann voller Energie beginnen. Wem dazu ein Heißgetränk nicht reicht, der findet zahlreiche Standards der amerikanischen (Frühstücks-)Küche auf dem Menü. Egal ob man lieber herzhaft oder süß in den Tag startet, wird man fündig.

Ein Klassiker, der hier sehr schmackhaft zubereitet wird, ist French Toast. Serviert mit Sirup und Beerenbutter, kann man sich an der großen Portion so richtig satt schlemmen oder bei kleinerem Hunger teilen. Wer lieber nur snackt, findet an der Theke auch Muffins und Kuchen. Oder man entscheidet sich für die gesündere Option und bestellt einen der leckeren und schön angerichteten Salate. Wofür auch immer man sich entscheidet, es lohnt sich, vor dem großen Ansturm ab circa 8:30 Uhr morgens da zu sein. Ab dann ist ein Sitzplatz nicht mehr garantiert, da das Café ganz in der Nähe der NYU und des Union Square liegt. Schaulustige erfreuen sich aber vielleicht genau an diesem Trubel und beobachten das Kommen und Gehen im Geschäft.

TIPP

Wem die Preise zu hoch sind, der findet eine Straße weiter bei The Bean günstigere Alternativen.

● The Grey Dog, 90 University Place, New York, NY 10003, Tel. +1 (2 12) 9 66 10 60
thegreydog.com
● ÖPNV: Metro 4, 5, 6, L, N, Q, R, W, Haltestelle 14th Street – Union Square

Allwetter-Kunstgenuss

78 Im Brooklyn Museum am Rande des Prospect Parks

Das Brooklyn Museum beeindruckt schon beim Betreten: Die großzügige Architektur lässt viel Raum zum Atmen, während das sanfte Licht durch die hohen Fenster fällt. Es ist ein Ort, an dem man sich verlieren kann, ohne sich eingeengt zu fühlen. Besonders nach einem Spaziergang durch den angrenzenden Prospect Park ist das Museum eine willkommene Oase. Wer eine Pause braucht, kann im Café mit Panoramablick entspannen und mit einer wohltuend warmen Suppe, einem herzhaften Sandwich oder einem himmlischen Pistaziencroissant das Kommen und Gehen im Museum beobachten.

Die Sammlung des Brooklyn Museums ist so vielfältig, wie man es sich nur vorstellen kann. Besonders beeindruckend sind die Ausstellungen zur Kunst der Pazifikinseln, die Fotografiesammlung sowie das Zentrum für feministische Kunst. Dort bildet The Dinner Party von Judy Chicago das Herzstück – eine ikonische Installation der 1970er-Jahre und ein Meilenstein der feministischen Kunst. Es lädt dazu ein, die Rolle der Frauen in der Kunstgeschichte neu zu entdecken. Doch auch Liebhaber klassischer und moderner Kunst kommen auf ihre Kosten, da es von ägyptischen Artefakten über Werke der amerikanischen Künstler der Hudson River School bis hin zu beeindruckenden Installationen zeitgenössischer Künstler alles zu sehen gibt.

Je nach Jahreszeit bietet das Museum ein ganz eigenes Erlebnis. In den Wintermonaten verwandelt sich der Skulpturgarten manchmal in einen kleinen Weihnachtsmarkt mit handgefertigten Schätzen. Doch auch unterjährig gibt es besondere Programme wie Kunstworkshops, Thementage oder kostenlose Führungen. Wenn die Tage wärmer werden, nutzen sowohl Brooklynites als auch Touristen die breiten Treppen vor dem Museum als Ort zum Arbeiten, Entspannen oder für ein Softeis in der Sonne. Es macht Spaß, sich hier einfach einen Moment Zeit zu nehmen, die Atmosphäre aufzusaugen und das geschäftige Treiben der Stadt zu beobachten.

TIPP

Am ersten Samstagabend des Monats ist der Eintritt frei und es gibt ein buntes Rahmenprogramm.

● Brooklyn Museum, 200 Eastern Parkway, Brooklyn, NY 11238, Tel. +1 (7 18) 6 38 50 00, brooklynmuseum.org
● ÖPNV: Metro 2, 3, Haltestelle Eastern Parkway/Brooklyn Museum

Gegen den Strom

79 Kostenlos Kajak fahren

New York vom Wasser aus erkunden, das geht auf viele Arten. Wem die Tourboote zu groß sind und wer stattdessen Lust darauf hat, selbst aktiv zu werden und die Stadt in Ihrer Mächtigkeit auf sich wirken zu lassen, kann das sogar kostenlos haben. Im Rahmen einer Initiative der Stadt, die Gewässer für alle zugänglich zu machen, bieten verschiedene Bootsverleihe die Möglichkeit, sich gratis Kajaks auszuleihen. Zwei der bekanntesten Anbieter sind das Downtown Boathouse am Pier 26 und das Bootshaus am Brooklyn Bridge Park (Pier 2). Die bessere Aussicht genießt man aber auf jeden Fall, wenn man von Brooklyn aus startet, denn das Bootshaus befindet sich direkt im Schatten der massiven Brooklyn Bridge.

Alles, was man hier mitbringen muss, ist Spaß am Wassersport. Im Bootshaus bekommt man neben dem Kajak und der Schwimmweste eine kurze Einführung, sodass auch Anfänger mitmachen können. Danach geht es relativ schnell ins Wasser und dann Schlag für Schlag auf den East River, wobei man sich immer innerhalb eines für die Kajaks abgeschirmten Bereichs befindet und sich somit keine Sorgen machen muss, von den Wellen größerer Schiffe umgestoßen zu werden.

Von hier aus kann man Lower Manhattan in all seiner Vielfalt an Baustilen bewundern, ohne einen Schwarm an Touristen neben sich zu haben, denn auf dem Wasser ist man mehr oder weniger für sich. Normalerweise bekommt man diese Perspektive, eine steile Aufsicht, nur, wenn man direkt vor den Hochhäusern steht. Hier aber gibt es die Mischung aus Weit- und Aufsicht. Besonders beeindruckend ist das in Bezug auf die Brooklyn Bridge, deren schwere Steinstruktur man hautnah sieht und sich unweigerlich fragt, wie dieses Bauwerk, mit damaliger Technik, von Menschenhand geschaffen werden konnte. Das ist ein Gedanke, der einen insgesamt oft in einer Stadt wie New York ergreift, der aber in diesem Moment, während man sich glückselig paddelnd gegen den Lauf des Flusses arbeitet, noch präsenter ist.

TIPP

Wer auf jeden Fall paddeln möchte, sollte online reservieren. Das ist mit 2 Wochen Vorlauf möglich.

● Brooklyn Bridge Park Boathouse, Pier 2, 10 Montague Street, Brooklyn, NY 11201
bbpboathouse.org
● ÖPNV: Metro A, C, Haltestelle High Street; Metro F, Haltestelle York Street;
Metro 2, 3, Haltestelle Clark Street

Blockbuster Dinner

80 Im Restaurantkino Alamo Drafthouse

Wenn es um das ultimative Filmerlebnis geht, hat das Alamo Drafthouse das Beste aus beiden Welten zu bieten. Mit einer breiten Auswahl an Filmen, die von 4k optimierten Versionen wahrer Klassiker wie Alien bis hin zu den aktuellsten Veröffentlichungen reichen, die ausschließlich im 2D-Format gezeigt werden, werden Liebhaber der großen Leinwand hier fündig. Besonders ausgefallen sind die Spezialprogramme, wie der Terror Tuesday (für Horrorfans) oder der Weird Wednesday, bei denen Entscheidungsunwillige sich auch einfach mal von tollen Funden überraschen lassen können.

Und wenn man sich dann für einen der Filme entschieden hat, kann man diesen im komfortablen Ledersessel gemeinsam mit einem Getränk oder einer Mahlzeit genießen. Im Alamo gibt es für jeden Sitzplatz einen Tisch und vollen Restaurantservice. Die Speisekarte des Kinos ist nicht besonders innovativ, aber umfangreicher als manches Restaurant, sodass für Komfort-Food- und Burger-Enthusiasten bis zum Quinoa und Avocado liebenden Veganer alles dabei ist. Daneben gibt es natürlich auch Kino-Klassiker wie Eis, Chips und Popcorn. Aber Achtung, die Amerikaner essen Popcorn normalerweise salzig (süßes Popcorn heißt Kettle Corn). Fehlt zum Kino-Dinner nur noch das Getränk, für das ebenfalls eine breite Auswahl zur Verfügung steht. Ganz toll ist das Sortiment von circa 30 verschiedenen Biersorten aus dem Staate New York, die frisch vom Fass gezapft werden. Wer etwas wagemutig ist und auch flüssige neue Geschmackserlebnisse wertschätzt, sollte die Sauerbiere oder die IPAs probieren. Letztere haben ein tiefes Hopfen-Aroma, das man bei vielen heimischen Bieren finden kann und der so manches deutsche Pils in die Ecke stellt. Wem Bier nicht schmeckt, der kann sich an einem der Cider versuchen oder direkt von der Cocktailkarte bestellen.

So ausgezeichnet und schmackhaft versorgt, lehnt man sich dann einfach zurück und genießt den etwas anderen Filmabend.

TIPP

Eine Alternative für das amerikanische Kino-Erlebnis sind Kinos, die Recliner Seats haben.

....

● Alamo Drafthouse, 445 Albee Square West, Brooklyn, NY 11201,
Tel. +1 (7 18) 5 13 25 47, drafthouse.com/nyc
● ÖPNV: Metro B, Q, R, Haltestelle DeKalb Avenue;
Metro 2, 3, Haltestelle Hoyt Street

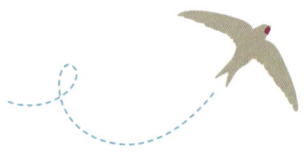

Ein großes Dankeschön geht an

Antje Kluth für das Lektorat,
Alev, mit der alles begann,
Stephy, die ihre Liebe für NY mit mir geteilt hat,
Ajkuna für die Hilfe und Inspiration
und an meine restliche New-York-Familie.
Ihr seid mein ganz persönlicher Glücksort.

Bibliografische Informationen der Deutschen Nationalbibliothek
Die Deutsche Nationalbibliothek verzeichnet diese Publikation in der Deutschen Nationalbibliografie;
detaillierte bibliografische Daten sind im Internet über dnb.d-nb.de abrufbar.

4., aktualisierte Auflage 2025
© 2020 Droste Verlag GmbH, Flinger Broich 18, 40235 Düsseldorf, kontakt@droste-verlag.de
Konzeption/Satz: Droste Verlag, Düsseldorf
Einbandgestaltung und Illustrationen: Britta Thiele, Marbach am Neckar, unter Verwendung von Bildern von
© Fotolia.com: jd – photodesign.de; © iStock: Plociennik Robert
Fotos: Steffi Krause, außer: © Ajkuna Hoppe: S. 53, 115, 165, 167; Pexels.com: S. 163 (Paul Buijs)

Druck und Bindung: LUC GmbH, Greven
ISBN 978-3-7700-2476-6

droste-verlag.de